Manfred Eger

Auf dem Weg nach Wahnfried

Erinnerungen an die
Gedenkstätte und das Richard-Wagner-Museum

Dieses Buch ist meinen
treuen Weggefährten gewidmet

Vorwort

Egers faszinierendes Wagner-Panoptikum

Manfred Eger ist unbestreitbar einer der besten Kenner der 135-jährigen Festspielgeschichte und er hat einen beachtlichen Beitrag zu ihrer wissenschaftlichen und publizistischen Aufarbeitung geleistet. Man kann es nachträglich nur als Glücksfall empfinden, dass er – der brillante Journalist und tiefgründige Musikwissenschaftler – im Jahr 1973 auf die Direktorenstelle der damaligen Richard-Wagner-Gedenkstätte berufen wurde. So fiel es in seine Kompetenz, das im Krieg zerstörte und später nur notdürftig geflickte Wohnhaus Richard Wagners in ein Museum von internationaler Bedeutung zu verwandeln.

Dieser höchst diffizile Auftrag zum Jahrhundert-Jubiläum der Festspiele wurde von ihm mit Bravour und zur allgemeinen Bewunderung erfüllt. Die Kulturstadt Bayreuth erfuhr auf diese Weise eine großartige Bereicherung. Das vorliegende Buch ruft so manches denkwürdige oder auch amüsante Detail dieses vielleicht wichtigsten Kulturprojekts der Stadt wieder in das Bewusstsein. Eger offenbart darin auch seinen ausgeprägten Sinn für Anekdotisches und Kurioses, das zuweilen schlaglichtartig Zusammenhänge erhellt. Mit der festlichen Einweihung von Wahnfried im Juli 1976 fand die ansonsten nicht immer glücklich verlaufene Stadtentwicklung Bayreuths nach dem Zweiten Weltkrieg einen versöhnlichen Abschluss.

Bei der Lektüre dieses Buches gewinnt das Lebenswerk Egers wieder kräftige Konturen, auch wenn die ganze Bandbreite seines rastlosen Einsatzes für Wagners Erbe nur erahnt werden kann. Das Lesevergnügen ist groß, denn neben viel Zeitgeschichtlichem und Dokumentarischem findet der Leser auch ein heiteres Panoptikum sozusagen auf der Hintertreppe von Wahnfried vor. Nicht zuletzt der Humor unterscheidet Eger von den ungezählten verbiesterten Gralshütern und Wagner-Aposteln, die sich auf den publizistischen Wagner-Trampelpfad begeben haben, um ihrem Idol zu huldigen.

Wer glaubt, die Erhabenheit des Bayreuther Meisters könne durch Humor Schaden nehmen, der irrt. Viel zu lange ging es viel zu weihevoll in Wagners Umfeld zu, schwüles Gedünst lag in der Bayreuther Luft, und hartnäckig wurde Wagner mit einem Religionsstifter verwechselt. Die Anbetung des Meisters trieb seltsame Blüten. So haben nicht zuletzt die Nazis ihren humorfreien Ungeist auf Wagner projiziert. Wagner selbst hatte nach meinem Empfinden einen ausgeprägten Sinn für Humor und liebte alles Originelle und Kauzige in seiner Umgebung. Und so mancher herrliche Kalauer aus dem Munde des Meisters ist durch Frau Cosimas Tagebücher verbürgt.

Womit wir bei Wahnfrieds Kitschkabinett wären, einer herzerfrischenden Einrichtung, an der wohl auch Richard Wagner seine Freude hätte. Egers Buch können wir entnehmen, dass Wolfgang Wagner persönlich die Anregung dazu gab. Der Museumsdirektor nahm sie freudig auf und setzte sie in eine liebevoll gestaltete Dauerausstellung um. Tatsächlich erweist sich Wagner als durchaus kitschverträglich, der Bewunderung und Verehrung tut eine solche Präsentation keinen Abbruch, wie Eger mit Recht festgestellt hat, im Gegenteil: Dank Egers Kitschkabinettstückchen – vom Backenzahn des Meisters über Sammets Gralsbrötchen bis zur Feder von Wahnfried-Papagei „Papo" – erscheint uns Wagner „unheimlich menschlich", wie es Wafner formuliert hätte.

Egers Liebe zu Bayreuth, Wagner und Wahnfried, sein kritischer Intellekt und nicht zuletzt sein unermüdlicher Forschungsdrang haben das vorliegende Buch geprägt, aber auch seine Fähigkeit zur pointierten Schilderung. Als exzellenter Musikkritiker und Feuilletonist begleitete er lange vor seiner Berufung an die Richard-Wagner-Gedenkstätte die Entwicklung von Neu-Bayreuth in der „Fränkischen Presse" und im „Nordbayerischen Kurier". Seine besondere Sympathie galt dabei dem Schaffen des genialen Opernregisseurs Wieland Wagner, mit dem er wohl auf gleicher Wellenlänge lag. Schon in dieser Zeit achtete Eger auf eine verständliche, leserfreundliche Sprache, die gänzlich frei ist von wissenschaftlichem Imponiergehabe.

Eigentlich hätte man meinen können, die schier uferlose Wagnerforschung der vergangenen 130 Jahre habe alle Facetten von Wagners Leben und Schaffen erfasst und gründlichst durchleuchtet.

Tatsächlich gab es noch viele Lücken zu füllen, und Eger fand nach seinem Einzug in Wahnfried neue Ansätze zu kritischer Forschung. Besonders spannend empfand ich seine Beweisführung im Falle des Wagnerhassers Friedrich Nietzsche, der – so die dank Eger gewonnene Erkenntnis – seine Schmähausdrücke gegen den einstigen „Sternenfreund" wörtlich oder nur leicht variiert vom altbösen Wagnerfeind Eduard Hanslick bezogen hat. Mit so manchem liebgewordenen Unkraut in der Wagner-Literatur hat der „Unkrautjäger" Eger aufgeräumt.

Er nahm darüber hinaus auch heikle Themenbereiche, die von der Bayreuther Wagnerforschung bis dahin weitgehend ausgespart worden waren, mit der gebotenen Sensibilität ins Visier. Ich denke dabei an die aufsehenerregende Ausstellung „Wagner und die Juden", die mit einem Tabu brach und zur Glaubwürdigkeit von Wahnfrieds Vergangenheitsbewältigung beitrug. Weniger spektakulär, aber ebenfalls sehr verdienstvoll waren Ausstellungen über die Festspielpioniere Friedrich Feustel und Hans Richter, denen auch in Egers Bayreuther Biografien-Reihe eine angemessene Würdigung zuteil wurde.

Mit Lokalstolz sei abschließend vermerkt, dass Manfred Eger in seiner Amtszeit die heimische Museumslandschaft über Wagner hinaus bedeutend bereichert hat. Er darf wohl auch als geistiger Vater des Jean-Paul-Museums und des Liszt-Museums in Anspruch genommen werden. Das vorliegende Buch ist ein willkommener Anlass, sich dankbar an das beispielhafte Lebenswerk dieser liebenswürdigen Persönlichkeit zu erinnern, die für mich der Idealtyp des aufgeklärten kritischen Wagnerianers darstellt.

Bernd Mayer
Bayreuth, im Juli 2011

Vorwort

Dieses Buch spiegelt Erinnerungen an die alte Gedenkstätte im Glasenappweg und den ereignisreichen Weg zum Richard-Wagner-Museum in Wahnfried, der begleitet war von heiteren Begebenheiten, merkwürdigen Zufällen und unvergesslichen Begegnungen. Dem Filmschauspieler Richard Burton, wurde ein Strohhut aufgesetzt, den Richard Wagner hundert Jahre zuvor höchst persönlich getragen hat – oder mit Leonard Bernstein, der mir in Wahnfried das Du anbot.

Die vorliegenden Aufzeichnungen stammen aus den zwanzig Jahren von 1973 bis 1993, in denen ich für die beiden Einrichtungen und ihre Zusammenführung verantwortlich war.

Das Museum, das seither von Dr. Sven Friedrich geleitet wird, wurde im September 2010 wegen nötiger Renovierungen im Haus Wahnfried und wegen des vielversprechenden Museums-Neubaues für drei Jahre geschlossen. Eine Zäsur, die zusätzlich zu einem persönlichen Rückblick ermuntert.

Wenn ich mich an die alte Gedenkstätte erinnere, steht mir wieder Wielands riesige „Tabulatur" im Treppenhaus vor Augen, die wir aus dem Festspieldepot gerettet hatten. Oder ich denke an die Kitsch-Ausstellung, durch die wir einem angriffslustigen Fernsehteam den Spaß verdorben hatten.

Der Festspielleiter Wolfgang Wagner engagierte sich auch beim Wiederaufbau Wahnfrieds sehr. Manchen Punkten stimmte er allerdings eher zögerlich zu, z. B. dem „Klingenden Museum". Oberbürgermeister Wild und er rangen in einem grimmigen Tauziehen um einen geheimnisvollen Stahlschrank, das mit einem schwankreifen Ende schloss.

Kurios war auch das Auftauchen eines höchst sonderbaren Deckenfleckens im Chamberlainhaus, der unverkennbar das Profil des „Meisters" zeigte, und dies ausgerechnet über meinem Schreibtisch, was zu amüsanten Zeitungsspekulationen über diesen „Fall von PSI" animierte. In heiterer Erinnerung blieb auch der Umzug der Chamberlain-Bibliothek, bei dem wir Hunderte von Buchpaketen für den

Transport mit Klopapier und Klebestreifen umwickelten, mit dem Erfolg, dass von der Materialabteilung im Rathaus eine schlitzohrige Anfrage kam, ob wir nicht auch Kohletabletten bräuchten.

Zu den wunderlichsten Beiläufigkeiten gehörte die Frage eines Journalisten, der wissen wollte, ob Winifred nun der Sohn oder der Enkel Wagners sei – jener Frau, die für mich immer noch die eigentliche Hausherrin von Wahnfried war, jedoch erleben musste, dass ausgerechnet sie beim Festakt zur Eröffnung des Richard-Wagner-Museums zum Zaungast degradiert worden war.

Bei den Versuchen, wichtige Männer wie Friedrich Feustel und Hans Richter durch Ausstellungen und Broschüren aus dem unverdienten Schattendasein zu holen, stießen wir bei Feustel auf fesselnde biografische Details, die das Umfeld von Ganghofer, des Wildschützen Jennerwein und eines mutmaßlichen hochadeligen Vaters berühren.

Man erfährt auch, wie das Jean-Paul-Museum zustande kam und welche – bis heute viel zu wenig beachtete – Rolle der Dichter als musikalischer Geburtshelfer Robert Schumanns spielte und welche Glückszufälle uns das Einrichten des Liszt-Museums ermöglicht haben.

Vielfältig waren die Versuche, Licht in manche Lücken der Wagnerforschung zu bringen und etwa darzulegen, warum Wagner nach Bayreuth kommen musste, ja dass er hier sozusagen gerade noch gefehlt hat.

Ein ausführlicher Exkurs informiert über die Bibliotheken in und um Wahnfried, unter anderem auch über Winifred Wagners abenteuerliche Rettung der großen Wahnfried-Bibliothek, der das Schicksal einer Kriegsbeute gedroht hatte.

Wie wichtig die Ausstellung „Wagner und die Juden" war, zeigte sich auch in Kommentaren jüdischer Publizisten, vollends aber Jahre später in einem Symposion, das Forscher aus Israel unter dem gleichen Titel in Bayreuth veranstalteten und das als epochales Ereignis weltweite Beachtung fand. Beiläufig erfährt der Leser, wer es war, der die Befürchtung geäußert hat: „Sonst schlagen mich die Wagnerianer tot."

Unter den bedeutendsten Neuerwerbungen jener Jahre waren die Burrell-Sammlung mit der „Morgenbeichte", jenem verhängnisvollen

Brief Wagners an Mathilde Wesendonck, den Minna abfing, den sie missverstand und der schließlich zur Trennung führte. Nicht minder bemerkenswert ist die „As-Dur-Elegie", jenes Cosima gewidmete Notenblatt mit seiner langen, seltsam berührenden, bis in die Wohnung Toscaninis führenden Geschichte.

Als ich bei meinem Abschied vom Museum in einem Interview die Hoffnung äußerte, dass das „Unkrautjäten" vorbei sei, irrte ich mich. Die alte, von Wagnergegnern immer noch gerne nachgebetete Mär zum Beispiel, wonach der „Tristan"-Akkord von Liszt erfunden worden sei, hatte sich als peinlicher Irrtum der Wagnergegner erwiesen.

Ein Ärgernis blieb nach wie vor Nietzsche, mein einstiges Idol, dessen Wagnerschmähungen sich jedoch mehr und mehr als dubios erwiesen haben, besonders seit dessen Hanslick-Adaptionen* zutage getreten waren.

Den Schlusspunkt setzen Zitate aus Kommentaren prominenter Kulturredakteure mit einem geradezu bestürzend rigorosen Urteil über Nietzsche.

Dr. Manfred Eger

---

* *Eduard Hanslick, Musikästhetiker des 19. Jahrhunderts*

Die Gedenkstätte am Glasenappweg

Die Richard-Wagner-Gedenkstätte war als ein Glasenapp-Gedenkzimmer entstanden, gegründet 1924 von Helena Wallem, der Pflegetochter und Sekretärin des Wagner-Biografen Carl-Friedrich Glasenapp (1847–1915). Die gebürtige Norwegerin, die schon früh die Begeisterung ihres Pflegevaters für Wagner teilte und mit ihm ab 1886 regelmäßig die Festspiele besuchte, rettete nach dem Ende des Ersten Weltkriegs unter großen Schwierigkeiten wesentliche Teile und Erinnerungsstücke, auch Möbel aus dessen Archiv in Riga und brachte sie nach Bayreuth, darunter auch seine komplette Bibliothek. Sie bewahrte alles zunächst in ihrer Privatwohnung in der Friedrichstraße 19 auf, wo sie neben dem „Glasenapp-Gedenkzimmer" 1924 auch einen „Richard-Wagner-Saal" einrichtete.

Im selben Jahr erließ sie einen Aufruf, in dem sie alle Wagnerfreunde um Dokumente und Erinnerungsstücke für ihre Sammlung bat. Sie fand ein weites Echo. Die beiden Wagnerianer Robert Bartsch und Heinrich Bales kamen nach einem Besuch der beiden Räume überein, die Gründung eines Richard-Wagner-Museums anzuregen. Beide waren selbst großzügige Förderer, die der Gedenkstätte auch beträchtliche Teile ihrer Bibliotheken überließen und unter persönlichen Opfern viele Dokumente vor dem Verkauf ins Ausland retteten. Große Unterstützung fand Frau Wallem auch in den Cosima-Töchtern Eva Chamberlain und Daniela Thode.

Die Stadt Bayreuth erwarb 1927 die Sammlung, übernahm sie 1930 als „Richard-Wagner-Gedenkstätte" und überließ ihr den „Damenflügel" des Neuen Schlosses, am Weg zum Hofgarten, dem dann so benannten „Glasenappweg". Hier wirkte Frau Wallem als unermüdliche Sammlerin, aber auch als eigenwillige Hüterin einer orthodoxen Tradition.

So focht sie beispielsweise 1934 leidenschaftlich gegen die neue „Parsifal"-Inszenierung und für die Beibehaltung der alten Bühnenbilder von 1882, „auf denen das Auge des Meisters geruht hatte". Den „Tristan" allerdings schätzte sie nicht. Sie hielt ihn für ein „un-

Helena Wallem. Sie gründete ein „Glasenapp-Gedenkzimmer" und 1924 einen „Richard-Wagner-Saal". 1927 erwarb die Stadt Bayreuth beide Sammlungen für eine „Richard-Wagner-Gedenkstätte", der sie 1930 einen Flügel des Neuen Schlosses überließ.

züchtiges Werk". Mit der Berufung auf das Lebenswerk Glasenapps, seine sechsbändige Wagner-Biografie (Leipzig 1905–1917), bemühte sich Helena Wallem lange Zeit ausdauernd um einen Nobelpreis für ihren Lehrer, jedoch vergeblich.

Abschied vom Reliquienkult

Nach dem Tod Helena Wallems 1953 übernahm Dr. Joachim Bergfeld die Leitung der Richard-Wagner-Gedenkstätte. Das bedeutete Abschied vom einstigen Reliquienkult mancher „Gralshüter". Unter der neuen Leitung gewann die Gedenkstätte Charakter und Ansehen als eine Stätte sachlicher Dokumentation und objektiver Forschung. Dazu trugen seine vielbeachteten Sonderausstellungen bei, nicht minder zahlreiche eigene Veröffentlichungen über Richard Wagner, die Geschichte der Bayreuther Festspiele, auch über Mozart, Reger und Liszt.

Der Eingang zur alten Gedenkstätte. Die Aufnahme zeigt den jetzigen Zustand und nichts mehr vom einst einladenden Aussehen der sauberen Fassade mit der zur Festspielzeit offenen, von Büschen flankierten Tür.

Mit seinem Ausstellungskonzept für die Gedenkstätte schuf er zugleich wesentliche Voraussetzungen für die übersichtliche Gliederung im späteren, von seinem Nachfolger gestalteten Richard-Wagner-Museum im Haus Wahnfried.

Auch die Einrichtung des „Klingenden Museums", mit der er einer Anregung des Oberbürgermeisters Hans Walter Wild folgte, geht auf Dr. Bergfeld zurück. Seine Herausgabe des „Braunen Buches" – einer Art Tagebuch Richard Wagners – wurde in Fachkreisen als beispielhaft fundierte und sorgfältige Arbeit gewürdigt.

Resolute Entrümpelung

Bei der Umgestaltung der Gedenkstätte nach dem Tod Frau Wallems wanderten einzelne Teile auf den Dachboden der benachbarten ehemaligen Hilfsschule, darunter auch ein Grammofonschrank und alte verstaubte und offenbar durch Bomben beschädigte Sessel aus Wahnfried.

Andere Gegenstände wurden in einen Kellerraum der Jean-Paul-Schule an der Königsallee ausgelagert, darunter später teils verschimmelte Bildmappen und Blätter der „Ring"-Lithografien von Franz Stassen und Gipsbüsten Wagners, mit denen Schüler dann – wie mir berichtet wurde – Fußball spielten, was deutliche Spuren glaubhaft machten.

Diese Entrümpelung kam einer Akzentuierung auf die wesentlicheren Objekte zugute. Das war vor allem die Ausstellung über das „Leben und Schaffen Wagners", verteilt auf 25 chronologisch geordnete Schautische in den linken Geschossteilen der Gedenkstätte.

Das halbierte Treppenhaus

Der Eingang zur Gedenkstätte war am Glasenappweg. Beim Eintreten beeindruckte das große Foyer mit der mächtigen Seitentreppe. Es hatte allerdings einen Schönheitsfehler: Es schien, als sei eine Anlage mit zwei einander gegenüberliegenden Treppen vorhanden oder doch vom Architekten geplant gewesen. Doch die eine Treppe fehlte. Jedenfalls war die rechte riesige Wand leer und wirkte kahl; jedes Bild, auch das größte vorhandene, wirkte hier kümmerlich.

Zwei Räume der Richard-Wagner-Gedenkstätte im Hauptflügel des Neuen Schlosses/Ecke Glasenappweg. Sie wurden nach 1945 ausgeräumt. Das Glasbild mit dem Porträt König Ludwigs II. (unten) landete beschädigt auf einem Haufen mit Steinschutt. Es wurde 1975 restauriert und bildete seither den Blickfang im Königszimmer des Museums in Wahnfried.

Der Blick des Eintretenden fiel durch einen Gang in das gegenüberliegende Gedenkzimmer mit der Totenmaske Wagners, dem Steinway-Flügel und seinem Sterbesofa, das zu Lebzeiten Frau Wallems noch mit einem langen schwarzen Schleier dekoriert war und vor dem damals andächtige Besucherinnen niedergekniet waren.

Im großen, noch zum Haupttrakt des Schlosses gehörenden Eckzimmer des Obergeschosses befand sich die Glasenapp-Bibliothek – ein großer, mit schönen alten Holzregalen und wohlgeordneten Buchreihen ansprechend eingerichteter und gepflegter Raum mit hohen Fenstern, der auch für festliche Veranstaltungen diente.

Andere Teile der Buchbestände befanden sich in einer Nebenkammer und in einem kleinen Kabinett neben dem Büro des Leiters. Gegenüber, auf der Seite des Glasenappweges, lag das Studierzimmer mit einem Schrank für die Bildmappen und einem Wandschrank voller meist unwesentlicher Schriftstücke aus dem Nachlass Glasenapps.

Der große Raum unter der Bibliothek diente jetzt als Rumpelkammer: Große anschließende Räume im Haupttrakt des Schlosses,

Ausstellungsraum der alten Richard-Wagner Gedenkstätte mit den teils offen liegenden Fotos.

die repräsentative Teile der Gedenkstätte enthalten hatten – so ein Zimmer mit Erinnerungen an König Ludwig II. –, waren nach Kriegsende leergeräumt worden. Vermutlich wegen Hitlers Wagner-Begeisterung. Die betreffenden Ausstellungsstücke lagerten im Abstellraum, darunter auch Bühnenkostüme und ein verschmutztes, teils zerbrochenes Glasbild mit einem Porträt König Ludwigs II.

Das Handschriften-Archiv der Gedenkstätte lag in einem Eisenschrank neben einer Türe zum Schlossgarten. Das Bildarchiv war größtenteils auf Schubladen in den Schautischen verstreut. Aus einer Mappe, in der Abbildungen vom Visitenkarten- bis zum DIN-A3-Format alphabetisch gesammelt waren, wurden damals bei Bedarf die benötigten ausgesucht und danach von der Sekretärin in einer neubeschrifteten Mappe in den Schubladen der Ausstellungstische abgelegt. Das war in den Jahren möglich, als Besucher mit solchen Wünschen noch vergleichsweise selten kamen.

Ein verwirrendes Angebot

Das Angebot, als Nachfolger Dr. Bergfelds die Leitung der Richard-Wagner-Gedenkstätte zu übernehmen, kam überraschend. Ich war lange und gerne Journalist, seit 1955 auch Kritiker der Festspiel-Inszenierungen, was wohl den Ausschlag für meine Wahl gegeben hatte.

Der Name Richard Wagner war mir schon seit meiner Kindheit geläufig. Meine Mutter erzählte oft von ihrem Bruder, meinem Patenonkel Josef, der als Wunderkind galt. Besonders nach einem Violinabend, den er mit sieben Jahren in Bamberg gab. Er wurde als junger Mozart gepriesen. Wir haben noch ein Kinderfoto von ihm, mit seiner Geige. In Wallenfels, wo er mit meiner Mutter aufwuchs, spielte der Bub später oft auf der Orgel, auch als er die Pedale noch nicht bedienen konnte, weil seine Füße nicht hinunterreichten.

Eine Urlauberin aus Leipzig war eines Sonntags sehr angetan vom Spiel des Organisten. Sie hörte sich nach dem Ende des Gottesdienstes den Ausklang an und wartete dann am Fuß der Treppe auf ihn – aber es kam nur ein Junge herab und rannte vorbei. Als sie die draußen herumstehenden Frauen nach den Organisten fragte, antworteten sie, er sei doch gerade vorbeigegangen: Es war der Bub. Er ging damals in Bamberg aufs Gymnasium und übernahm an den Wochenenden, die er zu Hause verbrachte, manchmal den Orgeldienst. Meine Mutter erzählte auch, dass er beim Präludieren auf der heimischen Orgel oft Motive aus den Opern von Wagner einfließen ließ, und manchmal, wenn der Rundfunk Musik von Wagner brachte, rief sie: „Das hat Onkel Josef immer an der Orgel gespielt!"

Jene Urlauberin aus Leipzig ließ sich mit dem jungen Organisten bekanntmachen, und als sie hörte, dass sein Vater, ein Oberlehrer, und seine Mutter gestorben seien, bot sie dem jungen Musikus an, bei ihr in Leipzig zu wohnen, besorgte ihm über einen Fabrikanten ein Stipendium und finanzierte auf diese Weise sein ganzes Studium am dortigen Konservatorium.

Nach dessen Abschluss war er zunächst als Liedbegleiter tätig und ging dann mit 22 Jahren nach Amerika. Meiner Mutter ließ er einen Koffer voller Noten zurück, darunter auch viele Klavierauszüge und Bearbeitungen Wagner'scher Werke, die später, eigentlich viel zu früh für den Anfänger im Klavierspiel, zu meinen meistabgegriffenen Noten gehörten. In den USA war Onkel Josef als Dirigent tätig – ein großes Foto, das er meiner Mutter schickte, zeigte ihn am Dirigentenpult eines Rundfunkorchesters mit dem damals typischen, in einem Ring aufgehängten Mikrofon bei einer Studioaufnahme. Er heiratete eine Schauspielerin, aber nach dem großen Börsenkrach wurde er depressiv. Er starb noch während des Zweiten Weltkrieges. Es war sein Smoking, den mir seine Familie später schickte und den ich in den fünfziger Jahren bei den ersten Besuchen der Bayreuther Festspiele trug.

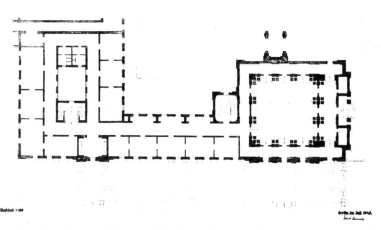

So sollte die "Richard-Wagner-Gedenkstätte" Bayreuth einmal aussehen: Die 1940 entstandenen Pläne eines Berliner Architekten zur Fassade und zum Grundriss eines Neubaus, der im Rahmen eines großen Bauprojekts um das Festspielhaus am Hügel entstehen sollte – ein Vorhaben, das sich wegen des Kriegsausbruchs zerschlug.

Der alte und der neue Leiter der Gedenkstätte: Dr. Joachim Bergfeld (vorne), der sie nach dem Tod Helena Wallems 1953 übernommen hatte, und Dr. Manfred Eger, dem er sie 1973 übergab.

Die „Richard-Wagner-Stiftung Bayreuth"

1973, als man mir die Leitung der Gedenkstätte übertrug, wurde außerdem eine Urkunde ausgearbeitet, mit der die „Richard-Wagner-Stiftung Bayreuth" gegründet wurde. Diese Stiftungsurkunde wurde natürlich von allen unterzeichnet.

Mitglieder der Stiftung waren die Bundesrepublik Deutschland, der Freistaat Bayern, die Stadt Bayreuth, die Gesellschaft der Freunde von Bayreuth, die Bayerische Landesstiftung, die Oberfrankenstiftung, der Bezirk Oberfranken und Angehörige der Familie Wagner.

Vor allem ging es darum, die Zukunft der Festspiele zu sichern. Das bisher ausschließlich privatrechtlich betriebene, in privaten Theaterbauten am Hügel veranstaltete Unternehmen sollte den veränderten Zeitumständen angepasst werden, um künftige Krisen und Komplikationen zu vermeiden.

Schon seit den frühen vierziger Jahren konnten sich die Festspiele nicht mehr selbst finanzieren. Die künstlerischen Wirkungen und Anregungen, die von Bayreuth nach dem Krieg ausgingen, rechtfertigten jedoch jeden geeigneten Versuch, die Festspiele zu erhalten. Es galt, ihrer Gefährdung – etwa durch ein Zerwürfnis zwischen Festspielleitung und Geldgebern oder durch eine Zersplitterung des Grundstücksvermögens – vorzubeugen, außerdem sollten die organisatorischen und künstlerischen Eignungen künftiger Festspielleiter garantiert und ihre Unabhängigkeit vor dem ideellen und künstlerischen Einfluss äußerer Gruppen geschützt werden.

Ganz „im Sinn des gemeinschaftlichen Testaments von Siegfried und Winifred Wagner vom 8.3.1929" bezeichnete die Satzung als den Zweck der neuen Stiftung:
1. den künstlerischen Nachlass von Richard Wagner dauernd der Allgemeinheit zu erhalten;
2. das Festspielhaus Bayreuth dauernd zu erhalten und den Zwecken dienstbar zu machen, für die es sein Erbauer bestimmt hat, also einzig für die festlichen Aufführungen der Werke Richard Wagners;
3. die Richard-Wagner-Forschung zu fördern;

4. das Verständnis für die Werke Richard Wagners insbesondere bei der Jugend und beim künstlerischen Nachwuchs zu fördern.

Um diese Aufgaben auf eine „rechtsfähige öffentliche Stiftung des bürgerlichen Rechts" zu übertragen, mussten widerstrebende Interessen untereinander ausgeglichen werden. Die Mitglieder der Stiftung verpflichteten sich zu vielen materiellen Leistungen und Opfern. Das Festspielhaus als Richard Wagners privates Eigentum war durch den Erbweg auf Winifred Wagner, eines ihrer Kinder und Enkelkinder übergegangen. Um sicherzustellen, dass es dauernd seinem Zweck erhalten bleibt, übereigneten die Erben „das Festspielhaus neben allen dazugehörigen Nebengebäuden und allen bebauten Grundstücken" unentgeltlich der Stiftung, die es dann dem Festspielleiter vermieten musste. Bei der Wahl sollte der Familie Wagner Vorrecht gewährt werden.

Weichenstellung für Wahnfried

Mit der 3. und 4. Satzung des zitierten Testaments von Siegfried und Winifred aus dem Jahr 1929 sind Aufgaben eines Archivs, einer Forschungsstätte und indirekt eines künftigen Museums angesprochen. 1973 war in der Gedenkstätte bereits eine Einrichtung vorhanden, die diese Aufgaben übernommen hatte.

Zudem bot sich für das Museum das Haus Wahnfried an, das die Familie schon vor der Gründung der Stiftung der Stadt Bayreuth geschenkt hatte, mit der Auflage, das Haus mit allen Nebengebäuden und dem Park als Dauerleihgabe zur Verfügung zu stellen, sobald es seiner Verwendung als Richard-Wagner-Museum zugeführt würde.

Die Rückfront von Wahnfried war damals noch schwer bombengeschädigt. Der Gesamt-Wiederaufbau war in den ersten Jahren nach dem Kriegsende absichtlich verhindert worden, ausgenommen waren lediglich einige provisorisch eingebaute Wohnräume. Die Frage, ob sich das Haus nach einer weitgehenden Restaurierung als Museum eignen würde, konnte man nach einem Flächenvergleich mit der Gedenkstätte bejahen, unter der Voraussetzung, dass die niedrigeren Zwischengeschosse für die Ausstellung einbezogen würden. Der Anbau, das sogenannte Siegfriedhaus, wurde damals von der Stadt Bayreuth für 600.000 DM angekauft.

Das Wagner-Archiv

Das Wahnfried-Archiv, das der Forschung bereits bisher zur Verfügung stand, umfasste Partituren, Erstschriften und Erstdrucke, die Wagner-Bibliothek, Bilder, Büsten, Erinnerungsstücke und das bis 1945 entstandene Bildmaterial. Um zu gewährleisten, dass es in Bayreuth verbleibt, wurde das Archiv von der Bundesrepublik Deutschland, der Bayerischen Landesstiftung und der Oberfrankenstiftung schon vor der Gründung der neuen Stiftung angekauft. Der vereinbarte Kaufpreis von 12,4 Millionen DM entsprach einem Schätzgutachten der Bayerischen Staatsbibliothek und der Firma Stargardt*. Der Preis, laut der Autografen, lag weit unter dem Marktwert, der bei einem Einzelverkauf hätte erzielt werden können.

Die Familie, voran Winifred Wagner, wollte eine drohende Zersplitterung des Archivs vermeiden. Laut Stiftungsurkunde sollten die Käufer das Richard-Wagner-Archiv der Stiftung „für dauernd leihweise zur Verfügung" stellen und es somit als eines der wertvollsten Einzelarchive in öffentlicher Hand der Forschung zugänglich machen.

Keine erwähnenswerte Rolle mehr spielte die ehemalige „Richard-Wagner-Forschungsstätte" (RWF), die 1938 auf „Führerbefehl" gegründet worden war, vermittelt durch Winifred Wagner, die sie dadurch dem Einfluss des Gauleiters Wächtler hatte entziehen wollen. Die RWF war von Dr. Otto Strobel, dem Leiter des Wahnfried-Archivs, betreut und 1953 aufgelöst worden.

In der Stiftungsurkunde wurde noch festgelegt, dass die Stadt sich verpflichtet, einen wissenschaftlich vorgebildeten Bediensteten zur Betreuung des Richard-Wagner-Archivs sowie den Geschäftsführer der Stiftung zu stellen.

Mit alledem war die Zukunft der Richard-Wagner-Gedenkstätte und eines Richard-Wagner-Museums bereits im ersten Jahr meiner dortigen Tätigkeit vorgezeichnet.

---

* *Stargardt wurde 1850 von Johann Carl Klage (1785–1850) in Berlin als Buch- und Musikalienhandlung gegründet.*

„Fakten und Fairness"

Die Idee des Oberbürgermeisters Hans Walter Wild, mir die Leitung der Richard-Wagner-Gedenkstätte anzubieten, war der Empfehlung meines Kollegen Ernst Peter Rudolph zu danken, der mich schon zur „Fränkischen Presse" geholt hatte. Ich war gerne Journalist. Allerdings hatten mich meine Aufgaben als Feuilletonredakteur, Musik-, Kunst- und Literaturkritiker in den letzten Jahren zeitweise sehr in Anspruch genommen. Oft hatte ich vier, fünf Wochenenden hintereinander an der Schreibmaschine gesessen.

Trotzdem lockte mich das Angebot zunächst nicht. Bei der Vorstellung, in einem Büro zu sitzen, befürchtete ich zuerst, auf ein Abstellgleis zu geraten, abgeschnitten von allen Anreizen und Reibungsflächen, die mein bisheriges Arbeiten motiviert hatten.

Die Überlegungen kosteten mich eine schlaflose Nacht. Erst nach und nach schlichen sich andere Gedanken ein, wie sie mir bei meiner langen Beschäftigung mit Wagner gekommen waren: Zum Beispiel, wie ungeheuer vielseitig das Thema Wagner war, wie viele Aspekte noch brach lagen oder wie oft ich mich über leichtfertig übernommene oder bewusste Verfälschungen empört hatte, weil sie meinem Motto für „Fakten und Fairness" widersprachen, einer Devise, die mich schon als Journalisten beherrscht hatte. Ich begriff, dass sich mir eine neue, andere Landschaft auftat. Ich muss zugeben, dass auch die Aussicht, mehr Zeit für meine Familie und das Segelfliegen zu haben, einen kleinen Ausschlag gab.

Jedenfalls nahm ich das Angebot an. Ich habe es in den folgenden zwanzig Jahren nicht eine Sekunde bereut. Die Hoffnung auf mehr Freizeit erwies sie sich allerdings schnell als Illusion. Ich verbrachte viel mehr Wochenenden und Nachtstunden in meinen neuen Arbeitszimmern als je zuvor beim Schreiben für die Zeitung. Ich empfand die neue Arbeit jedoch nie als Stress. Zum Segelfliegen kam ich zwar kaum noch, aber später sollte dieser Sport doch noch eine wichtige Rolle spielen.

Es hat auch mit meiner langjährigen Tätigkeit als Journalist und Publizist zu tun, wenn ich mir Mühe gab, etwas, was ich in Veröffentlichungen sagen wollte, so klar wie möglich auszudrücken.

Denkstätte

Der Leiter eines Museums oder gar einer Gedenkstätte gerät leicht in den Ruf einer einseitigen und kritiklosen Einstellung zu seinem Patron, erst recht, wenn dieser Richard Wagner heißt. Umso mehr lag mir daran, wie mein Vorgänger Dr. Bergfeld jeden Eindruck von Kult und Weihe zu vermeiden. Jeder Unterstellung, jedem Vorurteil, jedem Vorwurf gegen Wagner mit Fakten zu begegnen und sie auch dem Gegner abzufordern. Aus der Gedenkstätte sollte eine Denkstätte werden.

Der alltägliche Umgang mit wertvollen Dokumenten und Gegenständen kann erfahrungsgemäß natürlich auch abstumpfen und dazu verleiten, sie als bloße Werkzeuge zu betrachten. Zwei Erlebnisse brachten mich dazu, mir immer wieder bewusstzumachen, dass solche Objekte auch besonderen Respekt verdienen: Das eine war der Blick auf einen Originalbrief von Goethe in Sesenheim, das andere der Anblick des Grabes von Dostojewski auf dem Alexander-Newskij-Friedhof in St. Petersburg. Beide Male musste ich daran denken, dass Bayreuth-Besucher ebenso berührt vor einem Brief Wagners oder vor seinem Grab im Wahnfried-Garten stehen.

Winifred

„Wieso Dame?"

Als Winifred Wagner zur Eröffnung einer Ausstellung erschien und wir sie am Eingang der Gedenkstätte abholten, kamen wir an einer offenen Türe vorbei, durch die man an der gegenüberliegenden Wand ihr großes Porträt von Schuster-Woltan sah. „Kennen Sie diese Dame?" fragte Dr. Bergfeld schmunzelnd. „Wieso Dame?" gab Frau Winifred zurück. „Das bin doch ich."

So war sie.

Keinesfalls war sie allen Ernstes jene Frau, die ein fehlgesteuerter amerikanischer Museumsbesucher meinte, als er an der Kasse fragte, ob man Winifred Wagners Lampenschirm aus Menschenhaut sehen könne.

Allerdings war sie verständlicherweise umstritten, weil sie – wie Klaus Mann 1945 schrieb – „den Mut oder die immerhin eindrucksvolle Frechheit hatte, für Hitler einzutreten".

Ihre Annäherung hatte zunächst weniger politische Gründe. Bei der intellektuellen Schicht in Deutschland herrschte in den zwanziger Jahren eine Wagner-Aversion. Als Hitler 1923 Wahnfried besuchte und sich als kenntnisreicher Verehrer Wagners erwies, setzten Winifred und Siegfried auf ihn große Hoffnungen, zumal sie von seiner Ausstrahlung fasziniert waren. Durch seine Redeattacken gegen den Vertrag von Versailles und vor allem durch die Schüsse am 9. November vor der Feldherrnhalle in München ließen sie sich in Hitlers patriotisches und schließlich politisches Fahrwasser locken.

Zeitweise kämpfte Winifred in ihrer jugendlichen Begeisterung für Hitler und seine Partei nach Siegfrieds Aussage „wie eine Löwin", verteilte Flugblätter und stieg bei redezornigen Äußerungen in einem Bayreuther Parteilokal sogar erregt auf den Tisch.

Später wurde Winifred vorgeworfen, sie habe dem inhaftierten Hitler das Papier für sein Buch „Mein Kampf" geschickt, was ihr nach dem Krieg von der Spruchkammer entsprechend angekreidet wurde. Wahr ist: Sie hat ihm Briefpapier geschickt, aber nicht für jenes Buch.

Als bei den ersten Nachkriegsfestspielen 1924 nach den Schlussworten des Hans Sachs in den „Meistersingern" das Publikum das Deutschlandlied anstimmte und Siegfried Wagner Handzettel verteilen ließ: „Hier gilt's der Kunst", empörte sich Winifred über „unerhörte Vorfälle": „Es sind Juden hier angespuckt, verhöhnt worden."

Wieland und Winifred Wagner

Hier zeigt sich schon, wie sie sich von rigorosen Auswüchsen des Antisemitismus abgestoßen fühlte, von dem sie sich auch nach der Machtergreifung Hitlers weitgehend distanzierte.

Als Hitler ihr nahelegte, die Beziehung zu einem „jüdisch versippten" Bekannten abzubrechen, antwortete sie: Er kenne sie doch wohl so weit, um zu wissen, dass sie nicht bei jedem Regierungswechsel ihre Freundschaften wie ein Hemd wechsle. Dies betraf jenen Dr. Philipp Hausser, der seine Jean-Paul-Sammlung später der Stadt Bayreuth vermachte und ihr die Einrichtung des Jean-Paul-Museums ermöglichte. Viele Parteileute erboste sie durch Eigenwilligkeiten, mit denen sie

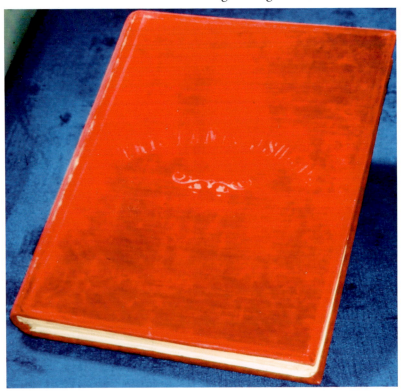

Die Partitur von „Tristan und Isolde", die kostbarste Handschrift im Wahnfried-Archiv, für die schon in den 50er Jahren in den USA sechs Millionen Dollar geboten wurden.

Verbote negierte; so, als sie sich für Tietjen einsetzte, der als SPD-Mitglied denunziert worden war. An Alfred Rosenberg schrieb sie im April 1931, sie halte es für einen Fehler, wenn man Tietjen angreifen wolle, weil er ein SPD-Mitglied sei. „Da stellte sich ja unsere Partei auf den Standpunkt, zuerst das Parteibuch, dann kriegst du ein Amt."

Einer der Ankläger bei der Spruchkammer überschätzte offenbar den Einfluss, den Winifred auf Hitler hatte. Er behauptete, sie habe ihn so weit gebracht, dass er, der strikte Anti-Alkoholiker, bei Besuchen in Wahnfried sogar öfters Wein trank. Wie es sich wirklich verhielt, zeigte sich, als wir Jahre später, bei einer Geburtstagsfeier für Frau Strobel im Hotel Anker beisammen saßen und die Jubilarin Sekt spendierte. Als ich zu Winifred äußerte, dass ich keinen Sekt vertrüge, flüsterte sie, peinlicherweise völlig ungeniert: „Machen Sie es wie Hitler. Der hat sich heimlich immer Wasser bringen lassen." Dann zupfte sie den Ober am Ärmel und bat ihn: „Bringen Sie Herrn Dr. Eger doch ein Glas mit Wasser, Sie wissen schon." Er wusste es eben nicht. Er brachte auf einem Tablett zwar ein Glas mit Wasser. Daneben aber stand eine nicht zu übersehende große Flasche Sprudel. Ich höre noch heute Frau Wagners tiefes, lautes Lachen.

Im Urteil nach der ersten Spruchkammerverhandlung wurde am 2. Juli 1947 festgestellt, dass sie nicht nur jüdische Künstler gegen den Wunsch Hitlers bei den Festspielen mitwirken ließ, sondern in zahlreichen Fällen politisch und rassisch Verfolgten und Gegnern des Nationalsozialismus geholfen hatte und manche sogar vor dem Tod retten konnte. Dank ihrer persönlichen Freundschaft mit Hitler, die sie auf diese Weise weidlich in Anspruch genommen hatte. In keinem Fall habe sie – so das Urteil – ein brutales Verhalten an den Tag gelegt, und am Schluss wurde ihr eine „hochherzige Gesinnung und große Menschlichkeit" bescheinigt.

Dass die Ära Winifred – mit Furtwängler, Toscanini, Tietjen an ihrer Seite – eine Glanzzeit in der Geschichte der Festspiele war, ist unbestritten. Verantwortungsbewusst und entschieden führte sie nach dem Tod Siegfrieds 1930 dessen Aufgabe fort. Sie hatte erheblichen Anteil an der inszenatorischen Entrümpelung und verfügte auch über das nötige Maß an Geduld, Geschick und Nervenstärke, um die häufigen Querelen zwischen den Dirigenten zu entschärfen.

Seit 1932 kümmerte sie sich auch um das Wahnfried-Archiv mit den Partituren, Manuskripten und Briefen. Im Mai stellte sie dazu Dr. Otto Strobel ein. Michael Karbaum bescheinigte ihr, behutsam die Grundlagen zu einer künftigen Öffentlichkeitsarbeit der Bayreuther Festspiele geschaffen und das Festspielhaus für die Kritiker geöffnet zu haben. Sie sei bereit gewesen, die Verantwortung mit Fachleuten zu teilen, ohne sich freilich das letzte Wort nehmen zu lassen. Für die Bayreuther Verhältnisse habe dies einen seltenen Sieg der praktischen Vernunft bedeutet. Mit der Gründung der Richard-Wagner-Forschungsstätte habe sie die wertvollen Bestände des Wagner-Archivs erstmals der Forschung zugänglich gemacht.

Ab 1942 brach der unmittelbare Briefkontakt Winifreds mit Hitler ab. Alle ihre Sendungen landeten zuerst bei Bormann, was ihre Bemühungen um manche hilfesuchenden Opfer erschwerte. Ihre Sorge um das Archiv ließ sie auch noch kurz vor dem Kriegsende nicht ruhen. Auf ihren Rat hin versuchte Wieland noch im Januar bei Hitler vergeblich, sein Einverständnis zu einem Neudruck sämtlicher Partituren, Klavierauszüge und Textbücher durch die Forschungsstätte zu erreichen – ein Vorwand, um die bei Hitler lagernden Originale zu retten.

Im März 1945 verpackte Winifred die Wahnfried-Bibliothek in Kisten. Noch im April reiste Wieland nach Berlin, um Hitler zur leihweisen Herausgabe jener Wagner-Partituren zu bewegen, die er zum 50. Geburtstag bekommen hatte. Doch erreichte er nur Bormann am Telefon, der nach einer Rücksprache mit Hitler erklärte, die Autografen seien am denkbar sichersten Ort. Gemeint war der Führerbunker, aus dem sie seit dem Kriegsende verschwunden sind.

„Von imposanter Unverfrorenheit"

„Hocherhobenen Hauptes", so lernte der Sohn Thomas Manns 1945 Winifred Wagner kennen. „Üppig und blond saß sie mir gegenüber, eine Walküre von imposantem Format und imposanter Unverfrorenheit." Klaus Manns Verdikt verleugnet nicht, dass er beeindruckt war. Das war auch Hilde Spiel: „Winifred war töricht, aber keineswegs banal, eine unangepaßte, mutige, unfeierliche, imponierende Erscheinung." Sie sei eine große Frau. Und auch Brigitte Hamann lässt einen Spalt offen, wenn sie von Winifreds fragwürdiger „Nibelungentreue" spricht.

Mitte der 60er Jahre – Winifred hatte die Festspielleitung an ihre Söhne übergeben müssen – wollte Wieland die „Tristan"-Partitur und das gesamte Archiv verkaufen, auch um einen Grundstock zur Weiterführung der Festspiele zu sichern. Er sah sich schon bei finanzkräftigen Stiftungen in den USA um.

Winifred war empört. Ihr ist es zu verdanken, dass das Archiv 1973 geschlossen an die Stiftung verkauft wurde und so einer Zerstreuung entging. Sie und Wolfgang Wagner mussten sich dabei gegen den Widerstand einzelner Familienmitglieder durchsetzen, denen der Kaufpreis von 12,4 Millionen DM zu niedrig war; immerhin waren allein für die „Tristan"-Partitur schon in den 50er Jahren in den USA sechs Millionen Dollar geboten worden. Aber die finanziellen Möglichkeiten der Stiftung waren begrenzt. So nahm Frau Wagner den Kompromiss in Kauf, um das Archiv komplett zu retten. Mir lief und läuft es noch heute oft kalt über den Rücken, wenn ich mir vorstellte, der Bestand wäre heute in alle Winde verstreut.

Meine Bekanntschaft mit Frau Wagner reichte zurück bis in meine Zeit als Feuilletonredakteur und Kritiker. Sie hatte damals die Spruchkammerverfahren bereits hinter sich. Näher lernten wir uns bei den Veranstaltungen des Filmclubs kennen, bei dem sie Mitglied war: Eine vielseitig interessierte Frau, eine Persönlichkeit, die sehr natürlich und unprätentiös war, gerne und laut lachte und nie hervorkehrte, was sie gewesen und was sie für mich – trotz aller Vorbehalte – noch immer war: die Hausherrin von Wahnfried. Sie saß auch bei der Verabschiedung meines Vorgängers und bei meiner Amtseinführung neben mir. Und für mich war es selbstverständlich, dass ich sie zu jeder Ausstellungseröffnung einlud – was mir anfangs ein Stirnrunzeln mancher Leute einbrachte.

Dank von Eugen Jochum

Als mir die Leitung der Gedenkstätte übertragen wurde, bestand das Personal aus dem Leiter, einer Sekretärin und – halbtags – einer Raumpflegerin, die zugleich die Botengänge zum Rathaus besorgte.

Jeweils während der Festspielzeit war an der Kasse aushilfsweise noch ein Rentner angestellt.

Eine Attraktion der Gedenkstätte waren die etwa 20 Bühnenbildmodelle von Bayreuther Festspielinszenierungen. Die Kästen standen in vier dunklen Räumen rechts neben dem Gedenkzimmer im Erdgeschoss auf Gestellen aus Holzlatten. Sie waren mit schwarzgefärbtem Rupfen umkleidet, die Bühnenbilder selbst mit einfachen Soffittenlampen beleuchtet.

Sehr beliebt war schon in der alten Gedenkstätte das „Klingende Museum", eine – wie schon erwähnt – von Oberbürgermeister Hans Walter Wild angeregte und von Dr. Bergfeld geschaffene Einrichtung, die das Abspielen von Aufnahmen hervorragender Wagner-Sänger und -Dirigenten ermöglichte. Zu hören waren Schallplatten und Tonbänder. Während der Festspielzeit wurden in einem Saal des Obergeschosses täglich eine Stunde lang Ausschnitte aus Werken Wagners abgespielt.

Für den Festspielleiter Wolfgang Wagner war das „Klingende Museum" allerdings zeitweise ein „Dorn im Ohr". Möglicherweise sorgte er sich um die Leistungsschutzrechte seiner Sänger, Dirigenten, des Orchesters und des Chors. Doch eine Umfrage bei allen für ihre Rechte zuständigen Künstlerkollegen ergab eine allseitige spontane Zustimmung.

Besonders erfreulich und ermunternd war deshalb der Besuch Eugen Jochums, der damals in Bayreuth den „Parsifal" dirigierte. Eines Vormittags kam er aus dem Musiksaal der Gedenkstätte zu mir ins Büro, um sich überaus freundlich dafür zu bedanken, daß im „Klingenden Museum" eben auch seine – bei allen Besuchern außergewöhnlich beliebte – Aufnahme mit dem „Karfreitagszauber" abgespielt worden war.

Der schottische Nibelungenmarsch

In Leni Riefenstahls Reichsparteitagsfilm von 1934 zieht unter den Klängen eines Marsches mit „Siegfried"- und „Walhall"-Motiven eine Fahnendelegation in einen Saal ein. Für mich schien es das Musterbeispiel einer Verkitschung Wagners durch die damalige Propaganda.

Aber es erwies sich, dass dieser Marsch schon zu Lebzeiten Wagners von einem Bayreuther Militärkapellmeister namens Sommer komponiert worden war, der ihn sogar im Garten von Wahnfried aufgeführt hatte, mit der Einwilligung Wagners, der dem Komponisten dankbar war für dessen Mitwirkung beim Richtfest für das Festspielhaus.

Diese Plattenaufnahme mit dem Arbeitsdienstorchester unter Husadl hatte ich bei einem Bayreuther Antiquar entdeckt und ließ sie im „Klingenden Museum" spaßeshalber mehrmals abspielen.

Als Bryan Large, der Regisseur vieler Opernverfilmungen, u. a. auch des Chéreau-„Rings", in meinem Büro den Marsch hörte, klopfte er sich vor Vergnügen auf die Schenkel. Ich bot ihm eine Überspielung an. Er wollte jedoch vorher nachsehen, ob die Aufnahme im Londoner BBC-Archiv vorhanden sei. Er schrieb mir zurück: Er habe nicht nur eine, sondern sieben verschiedene Aufnahmen gefunden, darunter auch eine mit Karajan.

Übrigens, so Large, sei der Marsch sowohl von einer schottischen Einheit als auch von einer walisischen Fallschirmjägereinheit zum Regimentsmarsch gewählt worden.

Onkel Max

Ein anderer – und sehr häufiger – Besucher war „Onkel Max", ein Rentner aus dem Egerland. Ihm galten auch einige Gedenkminuten, die ich ihm bei einem Begrüßungsabend zur Hauptversammlung des Richard-Wagner-Verbandes im Mai 1980 im Münchner Hotel „Vier Jahreszeiten" widmen konnte. Auf Bitte der Vorsitzenden, Freifrau von Friedeburg, hatte ich durch ein Programm zu führen, das sich mit kuriosen Wagner-Bearbeitungen befasste, unter ihnen auch der „Liebestod" für ein Klaviertrio sowie „Siegfried und der Waldvogel" für Klavierquintett – beide von Prof. Alfred Pringsheim arrangiert. Er war der Schwiegervater Thomas Manns, jener „Schoppenhauer", von dem noch zu reden sein wird.

Ein anderer Programmpunkt bezog sich auf „Onkel Max". Max Reindl, so sein voller Name, war ein außerordentlich liebenswerter alter Herr, früher Archivar und ein begeisterter Wagnerianer. Solange er jeweils während der Festspiele in Bayreuth weilte, besuchte er mich oft, manchmal ein wenig zu oft in der Gedenkstätte. Ich hatte ihn von meinem Vorgänger, Dr. Bergfeld, sozusagen „geerbt".

Er holte sich jedes Jahr Kopien von Noten und brachte sie ein Jahr danach wieder zurück, um sich neue auszuleihen. Ich erfuhr erst später, wozu er sie brauchte, mir gegenüber erwähnt er es mit keinem Wort. So hektisch es auch manchmal während der Festspielzeit zuging – man konnte ihm ob seiner Anhänglichkeit nicht gram sein. Es kam vor, dass er sich mittags um ein Uhr von mir verabschiedete, mit beiden Händen meine Rechte ergriff und tränenden Auges seufzte: „Gehn's, Herr Dokter, bleim'S mer gut! Ob mer uns noch amal wiedersehen?" – und eine Stunde später schon wieder in der Tür meines Arbeitszimmers stand.

Ein Abschied war dann wirklich der letzte. Erst aus einem Nachruf aus der Feder meines Freundes Erich Rappl erfuhr ich, was Onkel Max mir verschämt verschwiegen hatte: Dass er nämlich alljährlich seine Zither mit nach Bayreuth gebracht und hier allabendlich nach den Festspielaufführungen in Gaststätten aufgespielt hatte, meist nur Wagnerkompositionen. Rappl hat manche Darbietungen selbst gehört. Die eigenhändigen Transkriptionen des Onkel Max sollen ob ihrer kühnen harmonischen Vereinfachungen recht eigenwillig geklungen haben. Vor allem der Liebestod.

Hätte ich dies alles geahnt, so hätte ich den Onkel Max selbstverständlich samt seiner Zither sofort vor Mikrofon und Tonband gebeten. So aber gibt es leider keine hörbaren Aufzeichnungen von seinen Darbietungen. Jedenfalls hatte er es verdient, dass man sich wieder einmal auch seiner erinnerte, wie es an jenem erwähnten Abend in München dann auch geschah, und vielleicht haben ihm in seinem Himmel gehörig die Ohren geklungen. Leider hatte ich keine Originalnoten von ihm selbst, ein engagierter Zitherspieler musste sich mit anderen Bearbeitungen behelfen.

Später hätte ich ihm mit einem ganzen Bündel von Noten dienen können. In der Münchner Staatsbibliothek habe ich Tage damit verbracht, Wagner-Bearbeitungen zu fotokopieren, darunter eben auch viele für die Zither und andere Instrumente, vom Harmonium bis zum Hackbrett.

Bekanntschaft mit St. Bürokratius

Ein italienisch-jüdischer Baron, der mich aufgrund einiger Veröffentlichungen kennenlernen wollte und mich in der alten Gedenkstätte besuchte, fragte mich damals, nach einem interessierten Gespräch über meine Pläne, ob ich einen Wunsch hätte, den er mir erfüllen könnte. Ich war damals wegen unserer noch primitiven Abspielanlage in Nöten und spekulierte auf einen neuen Verstärker, den die Firma Grundig eben herausgebracht hatte. Direktor Rheinstädtler, der Chef der Bayreuther Niederlassung, war bereit, uns einen gehörigen Rabatt einzuräumen, sodass der Verstärker uns 700 DM gekostet hätte. Der Baron kündigte die Überweisung des Betrags an. Ich bestellte bei Grundig sofort den Verstärker und bekam ihn postwendend geliefert.

Als Spendenadresse hatte ich ahnungslos das Konto unserer Gedenkstätte bei der Stadtverwaltung angegeben. Das Geld kam wenige Tage später an, aber als ich mitteilte, dass diese Spende für den Ankauf eines Verstärkers gedacht sei, bekam ich die Mitteilung, dass diese Spende verbucht würde, und ich erst beim nächsten Haushaltsantrag diese Summe beantragen könne.

Ich teilte dies unseren Freunden bei Grundig mit und bat sie um Stornierung der Rechnung, bis der Haushalt 1975 in Kraft trete. Sie sagten zu und hielten die Rechnung zurück. Als wir sie anfangs 1975 erneut zugeschickt bekamen, war der Haushalt aber noch nicht in Kraft getreten und die Ausgaben waren noch nicht bewilligt. Wir mussten Grundig also um eine weitere Stornierung der Rechnung ersuchen. Die Angelegenheit zog sich noch mehrere Monate hin, bevor wir unseren Verstärker, der uns mittlerweile längst gute Dienste geleistet hatte, endlich bezahlen konnten.

Noch ein weiteres Mal kam ich mit St. Bürokratius in Berührung: Vom Ordnungsamt erhielt ich eines Tages die Aufforderung, aus Einsparungsgründen künftig die Eintrittskarten der Stadt zu benutzen – eine Anweisung, der sich Dr. Bergfeld bisher verweigert hatte. Die neuen, aus Einsparungsgründen gedruckten Eintrittskarten kamen uns schließlich um 20 Prozent teurer als die alten.

Lahmgelegte Langfinger

Zum Warnsignal wurde für mich die Feststellung, dass Künstlerfotos, die bislang unbehelligt auf den Vitrinen gestanden hatten, plötzlich verschwunden waren. Man hatte damals gerade den Handelswert alter Fotos entdeckt. Wir, meine Aufsichtskräfte von der Gedenkstätte und ich, überraschten mehrmals Besucher, die ein, zwei Fotos in der Hand hielten und vorgaben, damit ans Fenster gehen zu wollen, um sie bei Licht genauer zu betrachten. Wir wollten kein Risiko mehr eingehen, befestigten unten am Rahmen der Fotos jeweils ein Stück dünner Kette, an deren anderem Ende einen Nagel, den wir durch ein gebohrtes Loch samt der Kette in die Schublade unter den Einlagen führten, sodass die Kette nicht zu sehen war und sich nur so weit herausziehen ließ, bis der Nagel sich unter dem Loch spreizte und Kette samt Bild festhielt – ein peinlicher, aber gebotener Notbehelf.

Es stellte sich heraus, dass diese Art der Sicherung geboten war, denn wir entdeckten in der Folgezeit immer wieder Ketten, die teilweise herausgezogen waren.

Verwirrungen um den „Friedthjoff"

Gleich nach den ersten Monaten in der Gedenkstätte machte ich eine Entdeckung, die mich in eine aufregende Verwirrung stürzte. Beim Kramen in einem Schrank mit Archivalien aus dem Nachlass Glasenapps und Wagners fiel mir ein Manuskript in die Hand, das in hellgraues Glanzpapier geheftet war. Es enthielt den Text eines Musikdramas mit dem Titel „Friedthjoff". Die Handlung drehte sich um den Helden der nordischen Sage, den Wagner in „Mein Leben" öfters erwähnt. Der Verfasser des Dramas wurde nicht genannt.

Die Handschrift war dem Duktus der Autografen Wagners aus seiner Schweizer Zeit frappierend ähnlich. Frau Strobel, die Herausgeberin der ersten Bände seiner Briefausgabe, und der Wagnerbiograf Curt von Westernhagen bestätigten das. Die Ähnlichkeit der Handschrift, dazu der nordische Sagenstoff, der weitgehend gebrauchte Stabreim, die häufigen Chorszenen, die vielen inhaltlichen und sprachlichen Parallelen zur „Walküre", dann der Fundort – man kann vielleicht verstehen, dass sich einem Neuling bei so vielen Indizien kurz der Gedanke aufdrängen konnte, möglicherweise ein Manuskript von Wagner selbst vor sich zu haben. Aber stilistische Unbeholfenheiten des Textes ließen sich mit Wagner nicht vereinbaren. Jedenfalls musste er auf rätselhafte Weise die Hand im Spiel gehabt haben. Die Möglichkeit, dass er einem Bekannten beim Redigieren und Abschreiben eines Textes behilflich war, schied aus, als bei näherer Prüfung Unterschiede in der Schreibweise einzelner Buchstaben auffielen.

Also beschränkte sich meine Suche nach dem Verfasser bald auf einen engeren Bekanntenkreis Wagners. Schließlich konzentrierte sie sich auf Karl Ritter, den Sohn seiner Gönnerin Julie Ritter, den er in „Mein Leben" öfter erwähnte, aber nie im Zusammenhang mit einem Drama „Friedthjoff", dessen Titel auch sonst in keinem Werkverzeichnis Ritters auftaucht.

Erst nach langem Suchen fand ich den erlösenden Hinweis: In einem Brief an seinen Vater schrieb Hans von Bülow am 11. März 1851, Ritter habe „den Text zum Frithjof ziemlich fertig". Und am

2. April fügte er hinzu: „nebenbei wird er seinen Frithjof, dessen Gedicht fertig ist, componiren."

Als Wagner ein halbes Jahr später, im November 1851, mit der Prosaskizze des Textes zur „Walküre" begann, könnte ihm Ritters „Friedthjoff" also bereits vorgelegen haben. Merkwürdig ist, dass Ritters Handschrift in seinen Briefen vom Duktus Wagners stark abweicht, sich ihm aber dann, sobald er in Randnotizen kleiner schreiben muss, so täuschend annähert, dass sich selbst – wie erwähnt – Frau Strobel und Westernhagen irritieren ließen.

In „Mein Leben" erwähnt Wagner zwar mehrmals Schriften Karl Ritters. Von dessen „Friedthjoff" ist jedoch, wie gesagt, nie die Rede. Wohl aber von einem „in Stabreimen verfaßten Gedicht ‚Die Walküre'" („Mein Leben", hgg. von Martin Gregor-Dellin, S. 528). Es ist nicht auszuschließen, dass Wagner damit versehentlich den „Friedthjoff" meinte, der viele Parallelen mit Gestalten und szenischen Einzelheiten der „Walküre" enthält und dass Wagner aus Ritters Dichtung Anregungen übernommen hat, wie in einem anderen Fall, an den er sich an einer späteren Stelle seiner Autobiografie (S.594) erinnert, wo er schreibt, dass ihn ein anderer Plan Ritters, nämlich zu einem Drama „Tristan und Isolde", zur Konzeption seines eigenen Dramas angeregt habe.

„Friedthjoff": es war – für einen Neuling in dieser Tätigkeit – ein aufregendes, später zuweilen mit ironischer Nachsicht kommentiertes Verwirrspiel und eine interessante, letztlich doch nicht unergiebige Erfahrung. Die Zusammenhänge mit Wagner sind übrigens bis heute nicht gründlich genug untersucht.

Die Tabulatur

Im Treppenhaus am Haupteingang störte die riesige kahle Fläche der rechten, zwei Stockwerke hohen Wand. Der Versuch, dort ein großes Bild zu hängen, ließ die Leere darüber nur noch kahler erscheinen.

Die „Tabulatur" in der alten Gedenkstätte. Das einseitige Treppenhaus mit der einen riesigen kahlen Wand schien wie dafür gemacht. Zudem war die Tafel ein faszinierender Akzent in Wieland Wagners unvergesslicher „Meistersinger"-Inszenierung von 1956 und bezeichnend für die Symbolik, die er hier aufspürte und sichtbar machte. Die „Tabulatur" fand später in Wahnfried einen angemessenen Platz.

Auch ein anderer Einfall, statt dessen eine ganze Reihe von großen Stassen-Lithografien zu platzieren, änderte nichts an meinem Unbehagen.

Eines Nachts schoss mir der Gedanke durch den Kopf: die „Tabulatur"!! Mir stand plötzlich die Szene im ersten Aufzug der „Meistersinger"-Inszenierung Wieland Wagners von 1956 vor Augen, wo der Blickfang eine große Tafel mit dem Text der Tabulatur war. Sie beeindruckte, weil sie schön geschrieben war, ganz im Stil der alten Wagenseilchronik über die historischen Nürnberger Meistersinger. Auf der Bühne hatte Wieland sie groß im Hintergrund aufgestellt und effektvoll beleuchtet, sodass sie aussah wie ein pergamentenes Altarbild. Für die Meistersänger war die Tabulatur tatsächlich so etwas wie ein Altarbild, ein Sinnbild für ihre Regelhörigkeit.

Die erste Zeile: „Ein jedes Meistergesanges Bar stell' ordentlich ein Gemäße dar..." hatte Richard Wagner wörtlich aus der Wagenseilchronik übernommen, sie durch andere Gesetze der Meister ergänzt und diese im Stil der Chronik so sinnvoll formuliert, dass beiläufig ein literarisches Kunststück entstanden ist.

Die Tafel Wielands drückt sehr sinnig aus, was auch in der Musik zu hören ist. Wenn Kothner im ersten Aufzug die Tabulatur vorträgt, dann läßt Wagner ihn die Koloratur so hölzern absingen, dass einem die amusische Starrheit dieser Gesetze förmlich in den Ohren klingt. Dann aber setzt das Orchester ein – und aus derselben hölzernen Koloratur, die förmlich zur unfreiwilligen Selbstparodie geraten ist, wird plötzlich eine einzige hutabnehmende Huldigung für die eben noch verspotteten Meister.

Diese Zweideutigkeit zwischen Spott und Huldigung, die sich übrigens schon beim anderen Bayreuther Meister, bei Jean Paul, in dessen „Palingenesien" findet und die Wagner in seiner Musik ausdrückt, hat Wieland in dieser Tafel nachvollzogen: Sie ist zwar ein Abbild starrer Regelhörigkeit, aber sie war zugleich so prächtig, groß und schön gestaltet, so postiert und beleuchtet, dass man sie auch dann als einen Blickfang und als eine Augenweide empfand, wenn man ihre hintersinnige Bedeutung gar nicht kannte. Für die Tafel war die leere Wand in der Gedenkstätte der schönste Platz, den man sich denken konnte.

So fragte ich Wolfgang Wagner danach, er sagte, ich könne die Tabulatur haben, wenn ich sie fände. Also suchte ich in der großen Magazinscheune hinter dem Festspielhaus, in der die alten Bühnenbild-Teile abgestellt waren. Zuerst dachte ich, es handele sich um eine aufgerollte Leinwand, fand aber nichts dergleichen. Den Arbeitern versprach ich einen Kasten Bier, falls sie die Rolle entdeckten. Vergeblich. Am nächsten Tag fielen mir am Ende einer Scheunenwand hinter dem Festspielhaus an einer großen Tafel kräftige Eisenringe auf. Um die Vorderseite der Tafel sehen zu können, musste ich etwa zwanzig schwere eiserne Stellagen wegräumen: die fahrbaren Segmente für Wolfgang Wagners „Ring"-Inszenierung, die sich Bild für Bild wechselnd zu Teilen einer großen konkaven Scheibe zusammenfügten.

Der damalige technische Direktor, Paul Eberhardt, hatte die von Wolfgang Wagner konstruierten Segmente aus Leichtmetall herstellen lassen sollen. Aus Stabilitätsgründen ließ er sie jedoch aus Eisen bauen. Sie wurden zu schwer, der ganze Mechanismus funktionierte nicht. Eberhardt wurde deshalb entlassen. Die Segmente wurden nun doch aus Leichtmetall gebaut.

Die anderen schweren, unbrauchbaren Wagen also mussten nun mühsam einer nach dem anderen etwas nach vorne gerollt werden, um wenigstens einen Blick auf die erwähnte Tafel werfen zu können. Als ich die Vorderseite sehen konnte, fand ich meine Vermutung bestätigt – und war überglücklich. Wolfgang Wagner ließ mir die Tafel dann in die Gedenkstätte bringen, wo sie an der riesigen Wand einen imposanten Eindruck machte und dem großen Treppenhaus ein ganz neues, geschlossenes Aussehen verlieh. Endlich!

„Hier soll doch Kitsch sein?"

In den Archiven, Magazinen und Bibliotheken stieß ich immer wieder auf Objekte, die in den sachlichen und seriösen Abteilungen der Gedenkstätte nichts zu suchen hatten und deshalb schamhaft in die hintersten Winkel verbannt worden waren. Andererseits waren sie aber doch zu schade, zu interessant, amüsant oder auch zu kostbar, um sie dauerhaft zu verstecken. Deshalb bereitete ich eine Ausstellung im Raum hinter dem Musiksaal vor, ohne zu wissen, dass schon der Sammler Nikolaus Oesterlein für sein 1882 gegründetes Wiener Wagner-Museum eine Kitsch-Abteilung geplant hatte.

Zu sehen waren in der Gedenkstätte auch Zeugnisse eines allzu kritiklosen, überschwenglichen, ja abstrusen Wagnerkults, zum Beispiel ein Gemälde von Joukowsky, das die Himmelfahrt des Meisters darstellt: Richard Wagner stößt durch die Wolken und wird von Engeln mit einem rotglühenden Gralskelch empfangen – gewiss aus ehrlichem Empfinden und mit Herzblut gemalt, für den heutigen Geschmack aber doch zu abwegig.

Auch gab es da Fotos von Gemälden Richard Guhrs aus der sogenannten „Richard-Wagner-Ehrung" in Dresden, zum Beispiel eine Art Altarbild mit dem Titel „Elbisches Pontifikat", wo Wagner mit ausgebreiteten Armen wie ein Magier inmitten allerlei allegorischer Gestalten steht, flankiert vom Gekreuzigten, der Sixtinischen Madonna und Nietzsche. Oder ein anderes Gemälde, auf dem Wagner als Christophorus den blonden Christusknaben – als Verkörperung der arischen Rasse – durch die Fluten der bösen Zeit trägt – Resultate eines Wagnerkults, der seine Blüten bis ins Pseudoreligiöse trieb.

So auch bei den Entwürfen und Texten für ein Wagner-Denkmal, das Karl Ernst Lange „dem geistigen Adel" vorschlug: Eine Art Klein-Tannenberg mit Rundmauer und 13 Toren (die 13 „Meisterwerke" von den „Feen" bis zum „Parsifal" symbolisierend), „die vom personifizierten Genius strahlenförmig in alle Welt führen" und sie „durchdringen". Im Mittelpunkt des „heiligen Raumes", der durch das „namenlose Mysterium geweiht ist" und wo „der Ur-Gedanke selbst west", thront der Genius. „Sinnlich abgerufen von der Welt, erscheint er versunken ins Anschaun Gottes und empfängt von Ihm die Gnade seines lebendiges Wortes [...]. Erstaunt und ergriffen nimmt die dem Genius zugepilgerte Seele [des Besuchers] teil an der mystischen Hochzeit ihrer genialen Schwester [...]." So weit der Künstler selbst über sein geplantes Denkmal. Es wurde nie ausgeführt.

„Schwangerschaftsmusik" mit „Milchdrüsen- oder Lusttriolen"

Im Jahr 1906 veröffentlichte der Musikschriftsteller Dr. Moritz Wirth eine Broschüre „Mutter Brünnhilde". Gestützt auf das Gutachten ei-

Als „Gruß aus der Musenstadt Bayreuth" servierte der Gastronom Christian Sammet, ein stadtbekanntes Original, eine Speisekarte, auf der er den Festspielgästen wagnergerechte Spezialitäten anbot wie „Floßhildensuppe mit Alberich-Einlagen", „Lohengrin-Forellen aus den Schwanenteichen der Bayreuther geheiligten Lande", „gefüllte Schwanenbrüste à la Lohengrin", „Wotanschinken", „Siegmunds Stangenspargel" oder „Freias goldene Erda-Äpfel", dazu „Rheingold-Bier" u. a.

nes Geburtshelfers, wies er nach, dass die Besagte – wenn Siegfried in der „Götterdämmerung" zu neuen Taten aufbricht – schwanger sei. Indizien für seine Diagnose glaubte der Verfasser in der Partitur zu finden. In der „ausgeprägten Schwangerschaftsmusik" nahm er „synkopisches Herzklopfen" wahr, hörte, wie „das Kind strampelt" und „über die Nabelschnur springt"; er entdeckte sogar ein Motiv der „Milchdrüsen- oder Lusttriole".

Wohlgemerkt: Was sich heute wie eine Persiflage liest, war durchaus ernst gemeint und mündete in minutiöse Anweisungen, ja entschiedene Forderungen an die Bayreuther Regie und Orchesterleitung.

Dr. Wirths Abhandlung ist nur eine von zahllosen kuriosen Blüten, die sich um das Phänomen Richard Wagner ranken und oft auch bis in die Gefilde des Kitsches treiben. Solche Beispiele grotesker Wagnerforschung und abwegiger Verehrung markierten die Extreme der Ausstellung, in der auch andere mehr oder minder ergötzliche Objekte zu sehen waren. Verbreitet war eine Bilderserie mit Szenen aus Wagners Leben. Jede einzelne Darstellung akzentuiert durch die Abbildung einer Dose mit „Liebigs Fleischextrakt". Eine Reihe von Kitschpostkarten oder ein alter Druck, auf dem sich um ein Porträtrelief des Meisters dutzendweise Putten scharten, die sich als Klein-Parsifal, Klein-Siegfried, Klein-Venus, Klein-Sachs und andere verjüngte Gestalten aus Wagnerwerken entpuppten. Sie kehrten, erwachsen, als Zinnfiguren, auf Spielkarten und auf Ausschneidebogen für Kindertheater wieder. Hoch an der Wand galoppierte auf einer anderen Karte ein holzgeschnitztes Walkürenpferd. Allerdings ohne einen jener Schulbuben, die anno 1896 – als Walküren kostümiert – auf solchen Rössern saßen und tote Helden am Bühnenhorizont entlang gen Walhall beförderten.

Da war die Ankündigung einer „Siegfried"-Aufführung für Solovioline zu sehen, und eine Zeitungsanzeige verkündete, dass man das beseligende Schwimmgefühl der Rheintöchter – „Wagalaweia!" – nunmehr auch in einer Wellenbadschaukel genießen könne. Künstlerfotos von einst waren ob der Figuren und Posen dazu angetan, noch mehr Respekt vor den Wagner'schen Werken zu wecken, die solches überlebt haben und noch mehr.

Neben Beispielen unfreiwilliger Komik gab es eine Fülle von Zeugnissen absichtlichen Humors, wie Parodien, Travestien, Karikaturen, außerdem Kitschpostkarten. Eine der Parodien, „Tristanderl und Süßholde", kam laut aushängendem Programmzettel zwei Tage vor der Münchner Uraufführung des „Tristan" dort auf die Bühne. Über eine andere, eine „Tannhäuser"-Parodie von Wollheim/Nestroy, amüsierte sich übrigens bei einer Wiener Aufführung Richard Wagner selbst derart, dass er dem Kapellmeister zum Dank eine Krawattennadel schenkte.

„Floßhildensuppe mit Alberich-Einlagen" und „Erda-Äpfel"

Auf einer Speisekarte des Bayreuther Künstlerlokals von Christian Sammet findet man neben einer „Floßhilden-Suppe mit Alberich-Einlagen" und „Nibelungen-Klößen" auch „Siegmunds Stangenspargel" und „Goldene Erda-Äpfel" verzeichnet.

Sollte man all dies den Besuchern vorenthalten? Auf die Gefahr hin, manche pietätlastigen Wagnerianer zu vergrämen, wollte ich den Weihrauch etwas dämpfen, die Komik etwas betonen. Boshafter war der Gedanke an die Reaktion der Kritiker. Einerseits zeigte man ihnen ganze Sortimente von Ansatzpunkten, an denen sie ihre Federn hätten spitzen können, andererseits nahm man ihnen das Spielzeug – indem man es selbst der Kritik und der Lächerlichkeit preisgab – gleich wieder weg.

Was Parodien und Karikaturen betraf, so konnte man sich ohnehin auf Wagners eigenen Humor berufen und auf seinen Sinn für Selbstironie. Es bot sich die Gelegenheit, eben darauf zu verweisen, und den Dunst des Bierernstes aus den Ausstellungsräumen zu vertreiben. Einen nicht unwesentlichen Aspekt des Wagner-Verständnisses zurechtzurücken.

Aber die Zeugnisse jenes abstrusen Wagnerkults – sollte man sie verschämt unter den Teppich kehren, mit Rücksicht auf manche Altwagnerianer? Es schien sinnvoller, auch diese peinlichen Karten auf den Tisch zu legen und die Gedenkstätte gerade dadurch von solchen Kundgebungen zu distanzieren, indem wir solche Objekte herzeigten. Immerhin handelte es sich auch bei ihnen um bemerkenswerte Dokumente für die Geschichte der Wagner-Rezeption.

Eine „vorbildliche Denkmallösung" schlug Karl Ernst Lange 1933 in einer „an den geistigen Adel" gerichteten Schrift für Leipzig vor: Einen ringförmigen Baukörper (oben) mit 13 Toren für die 13 „Meisterwerke" von den „Feen" bis zum „Parsifal", „die vom personifizierten Genius strahlenförmig in alle Welt führen" und sie „durchdringen". Im Mittelpunkt des „heiligen Raumes", der durch das „namenlose Mysterium geweiht ist", und wo „der Ur-Gedanke selbst west": der Genius. „Sinnlich abgerufen von der Welt, erscheint er versunken ins Anschaun Gottes und empfängt von Ihm die Gnade seines lebendigen Wortes [...]. Erstaunt und ergriffen nimmt [...] die dem Genius zugepilgerte Seele (des Besuchers) teil an der mystischen Hochzeit ihrer genialen Schwester."

Allerdings erlaubte ich mir damals einen kleinen Kniff: Die Ausstellung hieß „Kuriosa, Kitsch und Kostbarkeiten". So konnte sich jeder Besucher auswählen, was er für kurios, kitschig oder kostbar erachtete. Die meisten Besucher akzeptierten diese Schau mit sichtlichem Vergnügen.

Den schönsten Effekt, den wir mit dieser Ausstellung damals erzielten, registrierten wir eines Tages, als einige Fernsehleute erschienen und ohne zu fragen ihre Geräte aufbauten. Ich erkundigte mich, womit ich dienen könne, und da druckste einer der Herren verlegen herum, bis er endlich mit seinem Anliegen herausrückte: Ja, es solle in diesem Museum doch Kitsch sein? Ich bestätigte: Aber ja, eine ganze Menge! – und führte sie in den Raum mit der Sonderausstellung: Sie könnten hier nach Belieben drehen. Ich ging zurück in mein Büro. Als ich eine Viertelstunde später nach dem Team sehen wollte, war es nicht mehr da. Die Herren hatten gar nicht erst angefangen zu filmen, sie hatten sich auf Französisch verabschiedet: Es war klar, sie hatten ganz offensichtlich erwartet, dass die gesuchten Objekte hier als Reliquien präsentiert würden. Als die Herren wahrgenommen hatten, dass Kitsch hier als Kitsch deklariert war, hatte das Ganze für sie jeden Reiz verloren.

Ähnliches erlebten wir später, als eine Frankfurter Zeitung bat, Aufnahmen aus der Kitschausstellung in Wahnfried machen zu dürfen. Wir stimmten unter der Bedingung zu, dass sie in den Bildnachweisen vermerken würden, die Fotos seien in der Kitschausstellung aufgenommen worden. Ich hörte und las kein Wort mehr von ihnen.

Wegweiser für die Tasche

Für die Besucher der Gedenkstätte ließ ich einen schmalen Wegweiser drucken, mit Grundrissen der Stockwerke, Hinweisen auf den Inhalt der Räume und der einzelnen Schautische, dazu mit knappen biografischen Erläuterungen. Er erschien allerdings nur zwei Jahre lang. Dann war die Zeit der Gedenkstätte zu Ende.

Kein Ort für Weihrauch

Dr. Bergfeld war es zu verdanken, dass mir nicht zugemutet wurde, noch andere Aufgaben zu übernehmen. Sondern dass ich mich ganz auf die Gedenkstätte konzentrieren konnte. Denn meine Gedanken kreisten immer wieder und immer mehr um das künftige Richard-Wagner-Museum in Wahnfried.

Fest stand: Das Haus sollte kein Tempel werden, keine Weihestätte, sondern betrachtet werden als das Haus eines bedeutenden Mannes. Ein Museum, in dem kein Weihrauch für Wagner geschwenkt würde, sondern sachlich-sinnfällige Informationen angeboten werden sollten, abseits von Schönfärberei, schwärmerischer Humorlosigkeit und Langeweile.

Die Ausstellung wurde in zwei Abteilungen aufgeteilt. Eine Hälfte war dem Leben und Schaffen Wagners vorbehalten, die andere Hälfte der Geschichte der Bayreuther Festspiele.

Die Zwischengeschosse, obgleich niedriger als wünschenswert, mussten einbezogen werden, weil wir auf diese Stellflächen nicht verzichten konnten. Den Rundgang legten wir sinnvoll an. Eine alten Wendeltreppen beim Aufgang zum Königszimmer sollte durch eine breitere Steintreppe ersetzt werden. Die Warnsignale mit den gestohlenen Fotos vor Augen, wollte ich die Tisch- durch Wandvitrinen ergänzen und die Einlagen auf diese Weise sichern. Die Wandbespannung sollte unterschiedliche Farben haben, um deren Symbolträchtigkeit zu nutzen. Außerdem musste die Anordnung der Vitrinen, Gemälde und anderen Schaustücke dem jeweiligen Raumthema und der Chronologie entsprechen. Alle diese Erwartungen bei der Planung unter einen Hut zu bringen, war eine Herausforderung.

Die Räume im Erdgeschoss sollten ein Kitschkabinett, wechselnde Sonderausstellungen und eine Gerätekammer für das „Klingende Museum" aufnehmen.

Im Keller hatten Wolfgang Wagner und der Architekt Helmut Jahn den Tresor für das Wahnfried-Archiv mit den Partituren, anderen Autografen und Briefsammlungen u. a. eingeplant, auch Räume für die Bühnenbildmodelle.

Hier erwies sich die Decke als zu niedrig. Die Modellkästen mussten in Augenhöhe der Besucher stehen, und darüber brauchten wir Platz für die Beleuchtung. Uns blieb nichts weiter übrig, als den Fußboden ausheben und tieferlegen zu lassen, ein Vorschlag, dem Wolfgang Wagner ohne Zögern zustimmte.

Die Schmidhammer-Figurinen

Als 1974 das Haus Wahnfried vor dem Wiederaufbau geräumt wurde, bat mich die Archivarin Gertrud Strobel zu helfen, ihr dortiges Büro zu ordnen. In einer Ecke des großen Wohnzimmers, das Wieland Wagner sich an der Stelle des einstigen Saales eingerichtet hatte, lag bereits ein großer Haufen Altpapier. Um mehr Platz zu haben für das Auslegen des Materials, das an die verschiedenen Besitzer verteilt werden sollte, wollte ich den breit verteilten Papierhaufen etwas aufschichten. Dabei stieß ich am Fußboden auf eine große seidene Briefmappe. Interessiert griff ich danach und öffnete die Mappe. Sie enthielt Figurinen, gezeichnet von von Arpad Schmidhammer, einem Adlatus von Hans Thoma, dem Kostümbildner von 1896.

Es waren etwa hundert Aquarelle, künstlerisch weitaus bedeutender als die hölzernen Skizzen von Thoma. Vor allem die wunderschöne nachdenkliche Brünnhilde als blau gekleidete Todverkünderin oder den strahlenden jungen Siegfried, der ausgelassen seinen Schild in die Luft wirft.

Die Blätter wurden im Stiftungskatalog Frau Strobels gar nicht erwähnt. Also im Verzeichnis jener Gegenstände, die für die Stiftung von der Familie erworben werden sollten. Frau Strobel hatte die Figurinen wahrscheinlich übersehen. Es war ihr peinlich. Zu meiner Freude überließ sie mir die Zeichnungen formlos, zu treuen Händen, für die Stiftung.

Nach ihrem Tod wollte ich die Mappe Frau Winifred übergeben. Sie wehrte ab: „Ach, nein, was soll ich damit!" Auf meine Frage, ob ich die Blätter für die Stiftung behalten dürfe, antwortete sie nur: „Aber ja!" Und als ich um eine Bestätigung bat, willigte sie sofort ein: „Setzen Sie einen Revers auf." Das tat ich, und sie unterschrieb.

Später zeigten wir die schönsten dieser Schmidhammer-Figurinen in einer Sonderausstellung, zur Freude vieler Besucher – und zum Unmut der Winifred-Tochter Friedelind Wagner, die sofort wissen wollte, wie ich zu diesen Blättern gekommen sei. Ich sagte ihr, dass ihre Mutter sie der Stiftung geschenkt habe. Sie wollte den Revers sehen. Ich suchte im Archiv einen ganzen Nachmittag verzweifelt und vergeblich nach der von Winifred unterschriebenen Bestätigung, entdeckte sie aber erst am nächsten Tag und konnte sie Frau Friedelind vorlegen.

Aber einige Tage später rief Wolfgang Wagner an. Ruhig und sachlich erklärte er: Seine Mutter hätte die Blätter gar nicht verschenken dürfen. Sie sei nur Vorerbin für alles, was bis 1930 im Besitz der Familie war. Ich musste ihm nach Einsicht in die Urkunden rechtgeben und bat, beim Stiftungsrat den Sachverhalt zur Sprache zu bringen und der Stiftung die Blätter zum Kauf anzubieten. Ich stellte und begründete meinerseits den entsprechenden Antrag. Die Stiftung kaufte die 106 Blätter dann für 60.000 DM an.

Fünf Kisten aus Tokio

Im Obergeschoss Wahnfrieds entdeckten wir unsere fünf Kisten mit Modellteilen, die Wieland Wagner für eine Ausstellung in Tokio leihweise überlassen hatte. Die Teile waren ziemlich sorglos zusammengeschaufelt. Unter den Fragmenten der „Rheingold"-Inszenierung von 1965 war das Gold, das die Riesen als Ersatz für Freia erhielten. Sieben vergoldete Klumpen waren in Form einer dickleibigen Frau zusammengefügt, die an die steinzeitliche Venus von Willendorf erinnerte. Diese sieben Klumpen, im Einzelnen unkenntlich, waren auf drei verschiedene Kisten verteilt.

Aus den Einzelteilen in den Kisten hätte ich etwa ein Dutzend Modelle zusammensetzen können. Doch ich durfte nichts davon für das neue Museum behalten. Arbeiter schafften sie bald danach ins Festspielhaus. Die Teile waren zwar ziemlich provisorisch und meist aus Pappe gefertigt, trotzdem wäre ihr gänzlicher Verlust bedauerlich.

Das Modell zu Wielands legendären „Meistersingern"

Auch das Bühnenbildmodell zum ersten Aufzug der legendären „Meistersinger"-Inszenierung Wieland Wagners von 1956 bestand nur aus Pappe. Mich hatte besonders die geniale Idee des über dem Kirchenraum schwebenden wunderschönen gotischen Gehänges so fasziniert, dass ich statt des flüchtig zusammengeleimten Provisoriums ein möglichst getreues Modell haben und zeigen wollte.

Nach umfangreichen Recherchen und Besprechungen mit verschiedenen Fachleuten gelang es mir, ein dauerhaftes Modell dieses epochalen Bühnenbildes herzustellen.

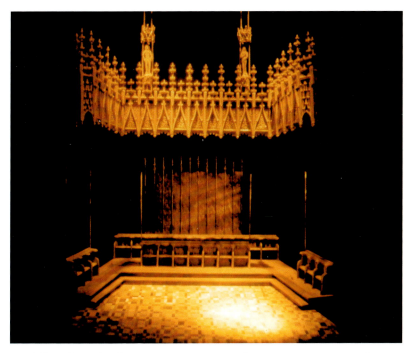

Modell nach Wieland Wagners „Meistersinger"-Inszenierung von 1956, erster Aufzug, Katharinenkirche.

Umzug ins Chamberlainhaus

1975 – mittlerweile hatten, wie angedeutet, die Vorarbeiten für den Wiederaufbau Wahnfrieds begonnen – wir zogen mit der Verwaltung vom Glasenappweg um ins Chamberlainhaus. Es liegt an der Richard-Wagner-Straße / Ecke Wahnfriedstraße neben dem Garten des Hauses Wahnfried. Benannt ist es nach dem Kulturphilosophen Houston Stewart Chamberlain (1857 –1927), einem Engländer, der zum Wahldeutschen geworden war. Weithin bekannt war er als Autor des Buches „Die Grundlagen des 19. Jahrhunderts" (1899). Andere Bücher schrieb er über Wagner, Goethe und Kant. In zweiter Ehe war er mit Eva Wagner verheiratet, einer Tochter Richard Wagners.

Wegen eines schwärmerischen Briefes an Hitler, geschrieben nach einem Gespräch in Wahnfried, und wegen seiner Rassentheorie wurde er von den Nationalsozialisten als ihr geistiger Wegbereiter betrachtet. Bei seiner Beerdigung trugen SA-Leute in braunen Uniformen den Sarg. Diese Fakten legen einen Schatten über seinen Namen und über sein Haus.

Um Platz zu bekommen für die Chamberlain-Bibliothek mussten wir einen großen Teil des Dachgeschosses ausbauen lassen. Es entstanden drei große Räume, die durch zwei Türöffnungen verbunden werden sollten. Beim Durchbrechen musste ich feststellen, dass dort über dem Boden hohe Eisenträger lagen, eingebaut als Stützen für das kleine Observatorium, das der Hausbesitzer auf dem Dach hatte errichten lassen. Wir konnten die Kollegen und die Besucher, die sich in den Bibliotheksräumen aufhielten, aber nicht dauernd über die hohen Eisenträger steigen lassen. Also ließen wir für die Durchgänge kleine zweistufige Treppen schreinern, die uns anfangs nervten, weil wir oft erklären mussten, weshalb sie hier waren.

„Brauchen Sie auch Kohletabletten?"

In diesen Räumen stellten wir die Chamberlain-Bibliothek auf. Sie befand sich zuvor noch im Neuen Schloss, in drei Räumen der Landesgewerbeanstalt, neben der alten Gedenkstätte. Wir, meine neue

Sekretärin Margot Ludwig und ich – auch die Stadtarchivarin Dr. Sylvia Habermann hatten uns bereit erklärt, dieses Unterfangen zu leiten. Die Bücher mussten wir korbweise herüberholen. Die Bände waren außen nicht beschriftet. Um uns das zeitraubende Aufblättern der einzelnen Bücher zu ersparen und das Einrichten zu erleichtern, nahmen wir die Bücher stoßweise aus den alten Regalen, umwickelten jedes Bündel mit schützendem Klopapier und Klebeband, verzeichneten darauf jeweils die Nummer des Regals, der Reihe und der Folge – und so konnten wir die Bände im Chamberlainhaus jeweils vergleichsweise zügig wieder einordnen. Allerdings bekamen wir von der Materialstelle, die uns laufend mit Klopapier beliefern musste, ei-

Das Chamberlainhaus. Hier arbeitete von 1976 bis 1980 die Zentralverwaltung aller mit dem Namen Richard Wagner verbundenen Einrichtungen der Nationalstiftung und der Stadt Bayreuth, wie des entstehenden Museums in Wahnfried, des Archivs, der ehemaligen Gedenkstätte und des städtischen Jean-Paul-Museums, das 1980 im Erdgeschoss eingerichtet wurde. Im Dachgeschoss fand die große Chamberlain-Bibliothek wieder ihren Platz. Zuvor wurde hier die Ausstellung in Wahnfried konzipiert und vorbereitet.

nes Tages die scheinbar besorgte Anfrage, ob wir nicht auch Kohletabletten bräuchten...

Das Einrichten der Chamberlain-Bibliothek dauerte aber einige Wochen und schlafarme Nachtstunden. Die alten Regale mussten geändert, neue hergestellt, die Bücher eingeordnet werden – bei 10.000 Bänden keine Kleinigkeit, zumal noch 3000 – nicht auf Wagner bezogene – Bände aus der Glasenapp- und der Wolzogen-Bibliothek hinzukamen. Das große Mittelzimmer mussten wir laut einer testamentarischen Verfügung Eva Chamberlains als Gedenkzimmer für ihren Mann einrichten, weshalb wir dort auch seine Büste von Hinterseher und den gewaltigen Globus aus dem Arbeitszimmer Chamberlains aufstellten.

Das erste Stockwerk benötigten wir für unsere Verwaltung, die nach dem altersbedingten Ausscheiden Frau Wirsbitzkis durch die neue Sekreträtin Frau Ludwig, und eine Schreibkraft, Frau Seeser, erweitert worden war, sowie um einen Bibliothekar, Günther Fischer, dem ein großer Raum mit der umfangreichen Allgemeinen Bücherei zur Verfügung stand.

In das Erdgeschoss auf der Gartenseite zog Frau Gertrud Strobel mit einem Teil des – damals noch von ihr betreuten – Wahnfried-Archivs ein; der wertvolle Bestand mit den Partituren und Briefen war inzwischen vorläufig im Tresor einer Bank deponiert worden. Im nördlichen Teil des Erdgeschosses lag die Hausmeisterwohnung. Im Keller fand der Eisenschrank mit den Handschriften des RWG-Archivs Platz.

Mein Arbeitszimmer befand sich im Süden, anschließend meine „Werkstatt" mit einer Gruppe aus vier alten tischhohen Bibliotheks-Unterschränken, deren Oberfläche viel Platz bot zum Ausbreiten und Zusammenstellen des Bildmaterials für Ausstellungen.

Ein Fall von PSI

Im Dachgeschoss des Chamberlainhauses hatte eine Malerin gewohnt. Ihr war einmal ein Topf vom Herd gefallen. Die Suppe hatte an der Decke des darunter wohnenden Mieters einen Fleck hinterlassen. Das war in jenem Raum, der nun mein Büro werden sollte. Der

VON TAG ZU TAG

Ein Fall von PSI

Dem ehemaligen Bewohner des Chamberlain-Hauses, Wahnfriedstr. 1, das im Zuge der Wagnerstiftungs-Umbauten geräumt wurde, um demnächst vorübergehend das Wahnfried-Archiv aufzunehmen, ist Seltsames widerfahren: Ihm ist der Bayreuther Meister erschienen. Allerdings nicht im Traum und auch nicht als wandelndes Mitternachtsgespenst, sondern umrißhaft, als ein nasser Fleck an der Decke. Der Regen war durchs Dach gedrungen und hatte dicht neben dem Lampenanschluß ein sauber konturiertes Gemälde hinterlassen, das einen Wagnerfreund durchaus inspirieren kann, voller Entzücken auszurufen: „Das ist er!"

Die charakteristische Nasenkrümmung ist dem Meister Regen zwar danebengelungen. Aber das Kinn — allen Respekt! Und um den kühnen Schwung, mit dem er Kopf und Hinterkopf proträtiert hat, könnte ihn mancher Profi beneiden.

Vielleicht war's aber gar nicht der Zufall und das durchsickernde Wasser, sondern ..., kaum wagt man's hinzuschreiben: sondern der Geist Richards persönlich? Man weiß ja noch so wenig von Parapsychologie, und ist erst jetzt im Begriff, dem Geisterreich mit Hilfe einer Fernsehsendung namens PSI auf die Spur zu kommen. Denn daß dies nicht irgendwo im Ypsilonhaus oder in der Neuen Heimat geschah, sondern im Chamberlain-Haus — eben das macht die Sache so aufregend.

Skeptiker werden allerdings bei der Betrachtung dieses Naturporträts behaupten, daß einem echten Wagnerianer eben alles, was er sieht, zu Wagner wird. Selbst ein Fleck an der Decke ... E. R.

Glosse von Erich Rappl im „Nordbayerischen Kurier".

Fleck befand sich ausgerechnet an der Stelle über dem Platz, der für meinen Schreibtisch bestimmt war. Die Konturen waren so merkwürdig, dass ich – als die Räume für unseren Umzug in dieses Haus hergerichtet wurden – den Fotografen des „Nordbayerischen Kuriers" anrief und ihn bat, diesen Deckenfleck aufzunehmen. Denn er zeigte unverkennbar das Profil Richard Wagners. Der Fotograf kam und hielt es fest.

Ich stand nun vor der Frage: Sollte ich den Fleck stehen oder ihn übermalen lassen? Ließe ich ihn stehen, würde mir bei allem, was ich am Schreibtisch machte, der Meister über die Schulter blicken. Würde ich ihn aber übermalen lassen, wäre das Opus für immer dahin. Nachts brütete ich lange über dieser Frage. Die Überlegung, dass ich den Fleck ja später immer noch entfernen lassen könnte, gab den Ausschlag: Ich beschloss, ihn vorerst zu belassen, und fuhr am nächsten Morgen besonders früh dorthin. Als ich in den fraglichen Raum kam, stand unter der Mitte der Decke eine Klappleiter, darauf der Maler, der eben mit breitem, satten Pinsel einen weißen Streifen über des Meisters Kinn und Nase zog. Ich war um Sekunden zu spät gekommen.

Mein Freund Erich Rappl vom „Nordbayerischen Kurier" teilte die Meinung, das „Gemälde" hätte „einen Wagnerfreund durchaus inspirieren können, voller Entzücken auszurufen: ‚Das ist er!'" In einer ironischen Glosse, überschrieben: „Ein Fall von PSI", sinnierte er weiter, es sei vielleicht gar kein Zufall gewesen, „sondern – kaum wagt man's hinzuschreiben: – der Geist Richards persönlich? Man weiß ja noch so wenig von Parapsychologie." Dass dies ausgerechnet im Chamberlainhaus geschehen sei – „eben das macht die Sache so aufregend". Zu der Glosse hat er als Beweismittel – sozusagen vom Fleck weg – auch das Konterfei selbst veröffentlicht. So wurde es, wenn schon nicht als Deckenfresko, doch wenigstens auf Zeitungspapier notdürftig für die Nachwelt gerettet.

Wahnfried

Im April 1871, als Richard und Cosima Wagner bei einem ersten inoffiziellen Besuch in Bayreuth das Markgräfliche Opernhaus besichtigten, waren sie von der Atmosphäre der Stadt so angetan, dass sie beschlossen, hier das Festspielhaus zu bauen und sich niederzulassen. Auf der Suche nach einem Grundstück für ein Wohnhaus kamen sie an der „Miedelspeunt" vorbei – und Wagner nahm dieses Grundstück sogleich „in Wunsch". Am 31. Januar 1871 kaufte er es für 12.000 Gulden. Den Grundriss des Hauses bestimmte er selbst. Entwürfe, die er vom Berliner Bauinspektor Neumann machen ließ, wurden vom Bayreuther Maurermeister Carl Wölfel nach Wünschen Wagners verändert und vom Sommer 1872 an ausgeführt.

Den Kern des Hauses bildeten die „Halle" und der „Saal". Die „Halle" reichte durch alle Geschosse und wurde nur durch ein verglastes Oberlicht im Dach erhellt. Der 100 Quadratmeter große „Saal" hatte zur Gartenseite hin eine Rotunde. Vom Erdgeschoss nach oben

Haus Wahnfried im Winter 1874/75.

Der Saal in Wahnfried zu Lebzeiten Richard Wagners.

Soiree in Wahnfried, mit Franz Liszt am Flügel, Richard und Cosima Wagner im Kreis von Familienmitgliedern und Festspielkünstlern.

führten nur enge Treppen, teils Wendeltreppen, wodurch der ganz private Charakter der oberen Räume gewahrt bleiben sollte.

Wie ein von Wagner unterzeichneter Plan vom Juni 1872 zeigt, war für das obere Mittelfeld der Fassade ursprünglich eine Sonnenuhr vorgesehen, später ein steinernes Zifferblatt für eine mechanische Uhr. Stattdessen entstand hier später ein Sgraffito-Gemälde, das nach Wagners eigener Angabe das Kunstwerk der Zukunft versinnbildlichen sollte: Den germanischen Mythos, die antike Tragödie, die Musik, die Jugend. In den Gestalten erkennt man die Züge Ludwig Schnorr von Carolsfelds, des von Wagner hochgeschätzten frühverstorbenen Tristan-Sängers, von Wilhelmine Schröder-Devrient, die

Bei einem Luftangriff am 5. April 1945 wurde ein Drittel des Hauses Wahnfried zerstört, darunter auch der ganze Saal. Die große Wahnfried-Bibliothek hatte Winifred Wagner noch in Sicherheit gebracht. Die Fassade des Hauses blieb unbeschädigt. Winifred Wagner musste nach dem Einzug der US-Armee ihre Wohnung im Siegfried-Haus verlassen. Es diente bis 1957 als Offizierskasino und CIC-Hauptquartier, wodurch der Wiederaufbau Wahnfrieds zunächst verhindert war.

Wagner als Ideal einer dramatischen Sängerin verehrte, Cosimas und des kleinen Siegfried wieder.

Auf dem erwähnten Plan fehlt auch noch die Inschrift, die dem Haus den Namen gab: „Hier, wo mein Wähnen Frieden fand – Wahnfried – sei dieses Haus von mir benannt". Wagner notierte sie am 21. Mai 1874, also erst einen Monat nach dem Einzug am 18. April, für den Baumeister Carl Wölfel auf einem Briefumschlag.

Inzwischen waren Jahre voller Sorgen vergangen. Auch mit dem Bau seines Hauses hatte Wagner Verdruss, fast täglich kam er zur Baustelle, immer wieder monierte er Missverständnisse, Mängel und vor allem das langsame Vorankommen der Arbeiten. Und früher als den Namen „Wahnfried" nannte er ingrimmig einen anderen für das Haus: „Ärgersheim".

Das fertige Haus hinterließ bei allen Besuchern einen angenehmen Eindruck. Die „Halle" mit der Galerie wirkte streng und vornehm.

1949 ließ Wieland Wagner in die Ruine von Wahnfried eine Wohnung einbauen, deren Wohnzimmer den ganzen Platz des einstigen Saales einnahm – ein helles Provisorium. Winifred Wagner konnte erst 1957 wieder das Siegfriedhaus beziehen.

Wahnfried zu Beginn des Wiederaufbaus 1974. Vom ursprünglichen Haus waren kaum mehr als zweieinhalb Außenmauern übrig geblieben. Der provisorische Einbau Wieland Wagners ist hier bereits wieder beseitigt.

Dieses Bild bot sich beim Beginn des Wiederaufbaus von Wahnfried: Die über 25 Jahre lang nicht oder mangelhaft geschützten Balken des Dachstuhls waren vom Regen und vom Holzwurm zerfressen.

Bestimmend war das pompejanische Braunrot der Wände, von denen sich das Weiß einiger Skulpturen abhob. Hier fanden Konzerte, Proben mit Festspielsolisten statt, und hier stand an Weihnachten immer der große Tannenbaum.

Der eigentliche Wohnraum der Familie war der „Saal". An drei Wänden war er von Bücherschränken mit der umfangreichen Bibliothek Wagners umgeben, ansonsten mit Bildern, Wappen, Vorhängen und Sitzmöbeln überreich ausgestattet. Der Blick durch die Fenster der Rotunde ging in den Garten zum Grab, das sich Wagner schon zu Lebzeiten hatte anlegen lassen, und zur Pforte, die in den Hofgarten führt – ein Privileg, Geburtstagsgeschenk des Königs, hatte sie geöffnet.

Neben dem „Saal" lagen Gästezimmer, neben der „Halle" der „Lila Salon" und das Speisezimmer, darunter die Küche; über dem „Saal" der „Kindersaal", daneben die Schlafräume der Kinder; im westlichen Obergeschoss war das Schlafzimmer der Eltern, an das sich südlich das Zimmer Cosimas anschloss. Nördlich befand sich Richard Wagners Arbeitszimmer, in dem die „Götterdämmerung" und die beiden ersten Akte des „Parsifal" vollendet wurden. Im rechten Zwischengeschoss war die Badestube – übrigens der erste Raum, den Wagner noch vor der Fertigstellung des Hauses benutzte.

1945 wurde das Haus Wahnfried von einer Bombe getroffen. Vom „Saal" blieben nur die Rück- und eine Seitenwand übrig. Die Wohnung Winifred Wagners im Siegfriedhaus blieb erhalten, diente jedoch als US-Offizierskasino, weshalb Frau Wagner in das kleine Gärtnerhaus umziehen musste. 1949 wurden die Mauern der zerstörten Gartenseite geglättet, andere hochgezogen und zu einem Wohnhaus-Provisorium für Wielands Familie ausgebaut, ohne Berücksichtigung der früheren Raumproportionen.

Der komplette Wiederaufbau des Hauses stellte alle Beteiligten vor nicht geringe Probleme. Für ein künftiges Richard-Wagner-Museum gab es keinen idealeren, aber auch keinen anspruchsvolleren Ort als das Haus Wahnfried. Es würde nicht nur eine Stätte der Dokumentation, sondern auch ein Schaufenster Bayreuths, Bayerns und der Bundesrepublik, ja – bei der Geltung Wagners in der Theatergeschichte – der Kulturwelt sein.

Beistand aus München

Ausgerechnet in diesen Wochen gab die Abteilung „Nichtstaatliche Museen" beim Landesamt für Denkmalpflege in München bekannt, dass sie solchen Einrichtungen wie der unseren ihre Unterstützung anbiete. Eine uns höchst willkommene Neuigkeit, auf die ich sofort reagierte. Ich teilte dem Landesamt unser Interesse mit und erhielt

Sommer 1976, in meiner „Werkstatt" hinter dem Büro im Chamberlainhaus, beim Zusammenstellen der Einlagen mit den Fotos und Texten für die 136 Wand- und Tischvitrinen des Museums. Ich hatte damals unermüdliche und trotz der zeitweiligen Rekordhitze begeisterungsfähige Helfer.

den Bescheid, dass wir die ersten Antragsteller seien; das Angebot gelte zwar eigentlich erst für einen späteren Zeitpunkt, doch sei die Abteilung zur Soforthilfe bereit. Wenige Tage danach erschienen die Abteilungsleiterin, Isolde Rieger, und ihr Mitarbeiter, Konservator Rudolf Werner, zu einer ersten Besichtigung.

Ihm verdanken wir viele gute fachmännische Ratschläge. Er hat die sehr ansprechenden Tisch- und Wandvitrinen entworfen. Seine Idee war es auch, sie mit wandhohen Profilleisten aus schönem Holz zu flankieren. Mit viel Geschmack hat er die Farbtöne und Strukturen für die Stoffbespannung der Räume ausgewählt. Er war sehr ruhig, offen für alle unsere Vorschläge und auch für Einwendungen – kurz: für uns alle ein sehr angenehmer, ideenreicher und verständnisvoller Mitarbeiter.

Wolfgang Wagner erwies sich, dank seiner immer wieder erstaunlichen technischen Kenntnisse, seiner reichen Erfahrungen wie seines Verantwortungsbewusstseins als ein idealer Bauherr und Ratgeber bei der Restaurierung Wahnfrieds und aller betreffenden Gebäude, unterstützt durch den engagierten Bayreuther Architekten Helmut Jahn, der mit ihm durch seine Tätigkeit für das Festspielhaus ohnehin eng verbunden war. Alle zusammen eine harmonische Crew, alle gleichermaßen fasziniert von der Aufgabe.

Wettlauf gegen den Kalender

Wir hatten wenig Zeit. Das Richard-Wagner-Museum sollte zu den Festspielen 1976 eröffnet werden. Ich hatte einen Plan gemacht über die Aufstellung der Doppelvitrinen und deren Inhalte, wobei ich zum Teil auf die chronologische Abfolge zurückgreifen konnte, die Dr. Bergfeld in der Gedenkstätte berücksichtigt hatte. Allerdings musste ich versuchen, die einzelnen Vitrinen möglichst so zusammenzustellen, zu verringern oder zu ergänzen, dass sie sich auf das Thema des jeweiligen Raumes bezogen, auf einen bestimmten Lebensabschnitt oder auf eine Person. Die Räume sollten in unterschiedlichen Farben so tapeziert werden, dass sich der Hörer eines geplanten Fonoführers danach orientieren konnte. Ferner sollten sie nach Möglichkeit eine symbolische Bedeutung signalisieren, wie etwa das Grau der tristen Wiener Zeit oder das Königsblau des Ludwig-Zimmers.

Die beiden Zwischengeschossteile des Hauses sind durch die Lufträume von Saal und Halle getrennt. Daher musste ein Rundgang so gelenkt werden, dass er durch alle Räume des linken und dann des Zwischen- und des Obergeschosses führt, ohne dass der Besucher ein Zimmer zweimal betreten muss.

Aufgrund dieser Planung konnten wir mit der Gestaltung der Einlagen für die Tisch- und Wandvitrinen beginnen. Für notwendige Vergrößerungen stellte uns der Oberbürgermeister das städtische Foto-Atelier zur Verfügung. Unsere Wünsche hatten monatelang absoluten Vorrang!

Es machte mir Freude, täglich mehrere Stunden lang an einem großen Schreibtisch in der hintersten Ecke meiner „Werkstatt" zu stehen, um das Layout zu arrangieren, oder zwischendurch Texte und Bildunterschriften zu formulieren, die dann von der unermüdlichen Frau Ludwig nach genauen Maßen ins Reine geschrieben wurden. Wir verfügten noch nicht über einen Computer, der uns die Beschriftung erleichtert hätte, deshalb hatte uns Direktor Ruckriegel von der Stadtsparkasse wunschgemäß die Sonderanfertigung einer Schreibmaschine mit übergroßen Buchstaben bestellt und sie uns wohlweislich – siehe Kapitel „St. Bürokratius" – nicht geschenkt, sondern als ständige Leihgabe überlassen.

Nichtraucher

Eines Nachts, es war im April 1976, ein Vierteljahr vor dem Eröffnungstermin des Richard-Wagner-Museums, saß ich qualmend vor der Schreibmaschine in meinem Büro und formulierte wieder Entwürfe für Bildunterschriften. Als ich nach der nächsten Zigarette greifen wollte, stellte ich fest, dass die Schachtel, die ich erst am Morgen gekauft hatte, leer war. Ich bemerkte auch ein mulmiges Gefühl im Magen, malte mir aus, was sein würde, wenn ich plötzlich ausfallen sollte, und beschloss, mit dem Rauchen aufzuhören. Ich bat meinen Tabakhändler um Verständnis und versprach, nach der Eröffnung des Museums sofort wieder zu rauchen. Dieses Versprechen habe ich auch gehalten. In der Zwischenzeit habe ich diesem Laster endgültig abgeschworen.

Wagners Wiener Schuldenbrief

Im selben Jahr zeigte mir der Konsul Just aus Wels eine Neuerwerbung: einen hochinteressanten Brief Richard Wagners. Er überließ ihn mir zur Veröffentlichung im „Meistersinger"- Programmheft. Er war an den Landgerichtsrat Dr. Eduard Liszt in Wien gerichtet, einen Onkel Franz Liszts, jenem Freund Wagners, der diesem in der schwierigen Wiener Zeit zur Flucht vor seinen Gläubigern geraten hatte. Der Brief ist deshalb überaus aufschlussreich, weil Wagner darin minuziös alle dort hinterlassenen Wechselschulden auflistet, die sich auf 725.000 Schilling, umgerechnet etwa 50.000 €, beliefen. Die Summe sämtlicher Verpflichtungen lag noch beträchtlich höher, da die Aufzählung nur die Wechsel, nicht aber die Darlehens- und Rechnungsschulden nennt. Erst durch diesen Brief erfuhr man, welch hemmungslosen Gläubigern der ohnehin nicht gerade sparsame Wagner in die Hände gefallen war. Von einer Wechselsumme, die auf 7.400 Gulden lautete, wurden nur 5.000 Gulden ausbezahlt. Das entspricht, bei der kurzen Laufzeit, einer Verzinsung von 200 Prozent im Jahr.

Bemerkenswert ist der Brief aber noch aus einem anderen Grund: Er ist geschrieben in München, zwei Tage nach der Flucht aus Wien, am 24. März 1864 – an jenem denkwürdigen Karfreitag, als Wagner vor einem Schaufenster stehengeblieben war, gebannt von einem Porträt des wenige Wochen zuvor gekrönten Königs Ludwig II., dessen Schönheit und Jugend ihn anrührten. Auf dem Rückweg ins Hotel „Bayerischer Hof" reimte Wagner jene bitter-ironische „Grabschrift" für sich selbst, die beginnt: „Hier liegt Wagner, der nichts geworden ..."

Nur ein halbes Museum?

Aus allen Wolken fiel ich, als Oberbürgermeister Wild nach Wochen der Vorbereitungen die zuvor bewilligten Kosten für die Vitrinen plötzlich um die Hälfte reduzierte und mitteilte, ich solle mich vorerst auf die halbe Zahl der Räume beschränken. Nun waren aber schon alle Vitrinen bestellt und in Arbeit. Ich ignorierte also die Anweisung zur Kürzung und ließ weiterarbeiten – für einen Angestellten oder Beamten eine schiere Todsünde.

Als der OB mich einige Wochen später fragte, wie es im Museum vorangehe, und ich ihm antwortete, dass wir mit der ersten Hälfte der Einrichtung gut fertig würden, fragte er: „Wieso nur mit der Hälfte?" Ich erinnerte ihn an seine Anweisung, worauf er sie sofort widerrief und darauf bestand, dass das ganze Museum fertig werden müsse. Ich war sehr erleichtert.

Das Königszimmer

Das Königszimmer sollte nun seinen „richtigen" Platz finden. Dabei kam uns eine Serie von glücklichen Zufällen zu Hilfe. Es gab einen chronologisch passenden Raum in der Mitte des Obergeschosses, mit einem Rundfenster – ideal für dieses Vorhaben: Das auf dem Schutt der Rumpelkammer gefundene Glasporträt des Königs hatte ich inzwischen umgedreht und gesehen, wie schön es auf der Vorderseite ist. Ich hatte es entstaubt, gewaschen und das zerbrochene Teil von einer Malerin ersetzen lassen. Vor das Rundfenster montiert, stellte ich eine hohe Spiegelwand davor, mit einem ovalen Ausschnitt, der den Blick auf das Glasporträt freigab.

Für die Wand gegenüber fand ich das überdimensionale Foto eines Wagnersängers, entrahmte es (Pardon!) und ließ in den repräsentativen goldenen Rahmen Spiegelglas einfügen. So gehängt, bewirkte es durch die mehrfachen Spiegelungen, dass der kleine Raum optisch viel größer und, vom bayerischen Blau der Wandbespannung umgeben sowie mit einem zusätzlichen Lüster dekoriert, des jungen Königs würdig schien.

Die millimetergenaue Tabulatur

Ein anderer Glücksfall kam mir zugute, als ich nach einem Platz für die „Tabulatur" suchte. Ich fand ihn im neuen seitlichen Treppenhaus, dem Aufgang zum Königszimmer. Die Tafel passte haargenau, wie dafür gemacht. Sie hätte keine zwei Millimeter breiter sein dürfen. Als sie hing und ich die Tafel stolz und überglücklich Hildegard Bevern, unserer Mitarbeiterin an der Kasse, zeigte, antwortete sie nur ungerührt: „Ach ja, das kenn ich. Das hat mein Mann gemalt!" Ich hatte bis dahin nicht gewusst, dass er für Wieland gearbeitet hatte.

Wie groß war Richard Wagner?

In einem Zimmer des linken Zwischengeschosses brachte ich eine Markierung mit den Körpergrößen Wagners an. Seine Gegner hatten nämlich oft und gern darüber gespöttelt. In einem Buch behauptet Robert Gutman, „daß er nicht viel größer war, als ein Meter dreiundfünfzig". In anderen Büchern war dessen Körpergröße mit 1,63 m angegeben.

Als ich auf die Frage einer Besucherin die präzise Antwort schuldig bleiben musste, wollte auch ich es genau wissen. Nun gibt es ein einziges Dokument, in dem Wagners Körpergröße genannt ist: den Schweizer Pass, der 1840 in Zürich ausgestellt wurde und in dem sie mit 5 Fuß und $5^{1}/_{2}$ Zoll angegeben ist. Ich schlug also in einem Lexikon den Artikel über das „Fuß"-Maß nach. Aber nun war ich erst recht irritiert: Seitenweise Schweizer Füße! Sie reichten von etwas 28 bis etwa 32 Zentimeter – und außerdem gab es Füße mit zwölf und Füße mit zehn Zoll. In der Schweiz unterschied man zeitweise zwischen dem Berner Fuß (293 mm) und dem Konkordats-Fuß (30 cm). Auf welchem Fuß stand also die Behörde in Zürich, die Wagners Pass ausgestellt hatte?

Also schrieb ich an das Stadtpräsidium in Zürich und erhielt prompt und freundlich Bescheid: Demnach galt dort seit einem Beschluss von 1836 der „Konkordatsfuß" mit 30 cm und 10 Zoll.

Ich rechnete nach und rechnete noch einmal, weil ich es zuerst nicht recht glauben konnte: Tatsächlich war Wagner also 165,5 Meter groß und von durchaus „mittlerer Statur", wie es denn auch in einem Dresdner Steckbrief hieß.

Bei der Einrichtung des Museums habe ich in einer Ecke des Zimmers, das die ziemlich deprimierende Epoche vom Abschied Wagners aus Tribschen bis zu seiner Flucht aus Wien dokumentiert, folglich als eine kleine Pointe jene Markierungen mit den beiden Körpergrößen Wagners angebracht: die eine mit 153 cm, die Gutman angibt, und dazu die andere, im Pass genannte, mit 165,5 cm. Es ging hier natürlich nicht um Zentimeter, sondern darum, zu zeigen, dass Wagner nicht ganz so klein war, wie manche Leute ihn gerne haben möchten.

Neues Design für die Bühnenbildmodelle

Den Boden der Kellerräume hatten wir tieferlegen lassen, damit man die Bühnenbildmodelle der Festspielinszenierungen aufstellen konnte. Die von Rupfen verhüllten hölzernen Untergestelle, auf denen die Modelle in der Gedenkstätte gestanden hatten, wurden durch Reihen von stabilen Konstruktionen aus Profilstahlstangen und schwarzen Holzumkleidungen ersetzt, dazu andere, bisher versteckte Modelle aus den alten Verschlägen hervorgeholt, entstaubt, restauriert, neue hinzugefügt und mithilfe eines Elektrikers neu beleuchtet. Dazu konstruierte ich einen Rollwagen, auf dem man die Modelle transportieren und tiefer senken konnte, um an ihnen arbeiten zu können. Den Modellen wandte ich in den folgenden Jahren noch viel Zeit und Arbeit zu.

Ein Tresor mit Tücken

Die in eine Bank ausgelagerten Partituren, Briefe und andere wertvolle Teile des Archivs waren mittlerweile in den neuen Tresor gebracht worden. Als ich am frühen Morgen des Eröffnungstages noch einmal nachsah – eine Besichtigung durch Ehrengäste war vorgesehen –, kam ich mit dem Zuschließen nicht zurecht und musste schließlich einen Polizisten bitten, die drei Stunden bis zum Eintreffen der Gäste vor der ungesicherten Tresortüre wachsam zu bleiben.

Vier Tage und vier Nächte

Insgesamt hatten wir für das Einrichten des Museums in Wahnfried ganze vier Tage Zeit – und vier durch wenige Stunden Schlaf unterbrochene Nächte. Meine Mitarbeiter und Helfer waren allesamt hoch motiviert, besessen von unserem Ziel, rechtzeitig fertig zu werden. Nie war ein Zureden oder auch nur eine Aufmunterung nötig. Die Münchner „Abendzeitung" schrieb damals von einem „Weltrekord im Museumseinrichten".

Wenn ich schreibe „wir", so ist das nicht ganz richtig. Die oberste Bauleitung hatte selbstverständlich Wolfgang Wagner, der schon am Hügel seine technischen und organisatorischen Fähigkeiten bewiesen hatte, ebenso sein Talent und seinen Wagemut in der Beschaffung der finanziellen Mittel, zudem wusste er unendlich viel über den früheren baulichen Zustand des Hauses. Als Architekten unterstützten ihn zuerst Annemonika und Lothar Lindner, dann Helmut Jahn. Ich war verantwortlich für die Konzeption und die Gestaltung des Museums.

Aber im Rahmen dieser Aufgabe war ich meist der notorische Einzelgänger. Ich war es gewohnt, viel allein zu tun. Erst in den Monaten vor dem Einrichten hatte ich einige zusätzliche Mitarbeiter bekommen, dazu den Konservator Werner vom Landesamt für Denkmalpflege in München und zeitweise einige Helfer aus dem Rathaus. Ansonsten habe ich, auch bei den Sonderausstellungen, vieles allein gemacht, von der Bildauswahl, den Entwürfen für die Unterschriften über das Layout und das Zurechtschneiden und Kleben bis zum Aufstellen oder Hängen der großen Tafeln und dem Einrichten der Vitrinen. Ich konnte nie delegieren – ein Manko, wie ich gestehen muss.

Trotzdem ist es nicht falsch, wenn ich das Wort „wir" gebrauche. Denn ich hatte immer ein Team hinter mir, bei mir, das bei seinen anderen Aufgaben so zuverlässig, verantwortungsbewusst und fleißig arbeitete und mir für meine eigene Arbeit Kopf und Hände freihielt. Ich war nur das Zugpferd, dem sie folgten. Ich nenne hier nur Herrn Werner, Sigrid und Wilfried Engelbrecht, den Bibliothekar Günter Fischer, meine Sekretärinnen Margot Ludwig, Susanne Kutschera und Frau Seeser, die Raumpflegerin Frau Nietschke, zu denen später noch die Damen und Herren an der Kasse hinzukamen: Frau Bevern, Herr Jakob, Frau Lötzbeyer, Frau Duschner, Frau Martynowski, Frau Fohrbeck und andere – ihnen allen bin ich noch heute dankbar.

Das spannende Finale

Die letzten Tage und Stunden des Einrichtens wurden spannend. Beim Auspacken der Kisten mit den Einlagen für die Tisch- und Wandvitrinen mussten wir den Tapezierern und Schreinern auf Schritt und Tritt hinterdrein gehen, um die Tafeln endlich einlegen oder einhängen zu können.

Eines Nachts, genauer eines frühen Morgens, war Sigrid Engelbrecht – später gehörte sie dem Stadtrat an – so müde, dass sie seufzte „Ich kann nicht mehr!", sich auf den frischen Teppichboden legte und einschlief.

Einige Bilder, mit deren Einrahmungen der Glaser spät am Abend vor der Eröffnung fertig geworden war, konnten wir erst morgens um halb vier Uhr aufhängen. Als ich um halb acht Uhr wieder dorthin kam, waren einige heruntergefallen. Die Klebestellen der Aufhänger waren noch nicht ganz trocken gewesen. Sic hatten einen Schautisch verkratzt, zum Glück aber kein Glas zerbrochen.

Als wir die Glasvitrine mit dem Modell des Festspielhauses aufstellen wollten, passte sie durch keine Tür. Wir mussten Leute, dazu Seile und Leitern holen, um die Vitrine aus dem Garten über den Balkon hochzuziehen, dessen Türe zwei genügend breite Flügel hatte. Das Hereinbugsieren geschah eine Stunde vor der Eröffnung des Museums.

Für eine gerade noch rechtzeitig aufgerichtete hohe Glasvitrine im mittleren Saal des Obergeschosses wollte ich aus der alten Gedenkstätte einige Bühnenkostüme holen, ging hinüber zum Schloss, brachte aber die Türe zum dortigen Glasschrank partout nicht auf, musste also zurück und einen Schlosser wecken, der in der Nähe von Wahnfried wohnte. Er beeilte sich, brach das sperrige Schloss endlich auf, und wir konnten die Kostüme in der neuen Vitrine dekorieren. Ich sehe noch heute Frau Rheinstädtler, die Frau des Bayreuther Grundig-Direktors, vor mir, ein Dutzend Stecknadeln zwischen den Lippen – eine halbe Stunde vor dem Beginn des Festaktes zur Eröffnung des Museums. Als letztes Kleinod brachte ich aus dem Chamberlainhaus das Modell des Schlosses Hohenschwangau ins Königszimmer von Wahnfried und kam noch rechtzeitig auf meinen Platz an der Straße vor Wahnfried, wo eben die erste Ansprache begann.

Der Festakt zur Eröffnung

Die gesamten Kosten für den Wiederaufbau Wahnfrieds und die Einrichtung des Museums beliefen sich auf 3,2 Millionen DM. Schon das Haus Wahnfried allein würde viele Wagner-Verehrer anziehen. Dass es nun noch als Richard-Wagner-Museum eingerichtet werden konnte, war ein Glücksfall.

Pünktlich zum Beginn der Bayreuther Festspiele und zum Auftakt ihres Einhundert-Jahr-Jubiläums fand am 24. Juli 1976 die Eröffnung des wiederaufgebauten Hauses Wahnfried mit dem Richard-Wagner-Museum und dem Nationalarchiv statt. Für den Festakt waren in Halbkreisen auf dem Gehsteig vor dem Eingang zum Garten Stuhlreihen für die Ehren- und anderen Gäste aufgestellt, rechts ein großes Gerüst für den Festspielchor.

Bei der Eröffnung des Richard-Wagner-Museums im wiederaufgebauten Haus Wahnfried auf dem Platz vor dem Garteneingang. In der ersten Reihe der Festgäste neben Wolfgang Wagner (halblinks) Bundespräsident Walter Scheel und der bayerische Ministerpräsident Alfons Goppel mit ihren Gattinnen. Winifred Wagner fehlte.

Mit diesen Vorbereitungen und der Auswahl der Ehrengäste hatte ich nichts zu tun. Als ich nach den letzten Handgriffen im Museum zurückkam, hatten die Gäste schon Platz genommen, darunter auch Bundespräsident Walter Scheel und der bayerische Ministerpräsident Alfons Goppel.

Ich saß ganz links in der ersten Reihe und sah mich um nach Frau Winifred Wagner, konnte sie jedoch nirgends entdecken. Auf meine Frage an einige Umstehende: „Und Winifred?", bekam ich jedes Mal als Antwort nur ein Schulterzucken. Ich brauchte einige Minuten, um zu begreifen...

Winifred nur als Zaungast

Im Jahr zuvor, 1975, hatte Winifred einen verhängnisvollen Eklat verursacht. In dem Film von Hans Jürgen Syberberg über sie hatte sie geäußert: „Wenn der Hitler zum Beispiel heute hier zur Tür hereinkäme, ich wäre genau so fröhlich und glücklich, ihn hier zu sehen und hier zu haben wie immer, und alles, was also ins Dunkle geht bei ihm, ich weiß, dass das existiert, aber für mich existiert es nicht, weil ich diesen Teil nicht kenne. Also, das wird vielleicht ewig unverständlich bleiben."

Auch ich war über diese Äußerung schockiert. Winifred hatte sich mit manchen Äußerungen über Hitler nicht zurückgehalten. Obwohl sie die Repräsentantin der Familie, noch immer die wirkliche First Lady der Festspiele war. Sie hätte wissen müssen, dass jedes verfängliche Wort den Festspielen schaden würde. Ihre zitierte Bemerkung war unter solchen Aspekten fatal, auch wenn sie nur privatim geäußert worden war, im Glauben, die Kamera sei abgeschaltet – eine verhängnisvolle Infamie Syberbergs.

Wolfgang Wagner reagierte mit einem Festspielhausverbot für seine Mutter. Sie hat darunter sehr gelitten. Der schlimmste Tag für sie aber war dieser 24. Juli 1976, als das restaurierte Haus Wahnfried mit dem Richard-Wagner-Museum und dem Nationalarchiv eröffnet wurde. Sie war nicht eingeladen worden. Das zu verstehen, fiel mir – trotz aller Abwägungen wegen ihres Selbstverschuldens – schwer. Nie zuvor waren mein Mitgefühl und meine Wertschätzung für diese Frau größer als bei dieser Eröffnungsfeier für das neue Wahnfried, von der ausgerechnet sie ausgeschlossen und bei der sie zum bloßen Zaungast degradiert war. Als sie, ein kaum sichtbarer dunkler Schatten, hinter einem Fenster des Siegfriedhauses stand, schien sie mir trotz aller Vorbehalte einen Kopf größer als jeder ihrer Kritiker.

„Fantastico!"

„… sehr schönes Museum" – „umfassend und geschmackvoll. Auf Wiedersehen im nächsten Jahr!"– „ich bin begeistert!" – „Es war ein wunderschönes Erlebnis!" Solche und ähnliche Einträge fand man immer wieder schon in den ersten Jahren nach der Eröffnung im Gästebuch, das im Haus Wahnfried auflag. Besucher aus allen Erdteilen haben sich hier eingetragen. Neben den Namen von Städten aus ganz Europa liest man viele aus den USA, als Herkunftsorte findet man u. a. Istanbul, Santiago/Chile, Buenos Aires, Trinidad/Westindien, und neben vielen japanischen Schriftzeichen kann man auch arabische entdecken.

Bemerkenswert ist ein Eintrag vom 26. Juni 1978; „Als erster Chinese, der aus der Volksrepublik China kommt", habe er „einen unvergesslichen Eindruck durch dieses Haus gehabt…Hui-Nan Chwang". Schon im selben Jahr war auch die „Mozart-Gemeinde München" zu Gast. Unter anderen Besuchern fand sich Richard Schaefer, ein Enkel des Hofrats Franz Seraph von Pfistermeister*. Auch aus dem hessischen Wanfried, dessen missverstandener Name Wagner zur Benennung seines Hauses angeregt hatte, waren Besucher gekommen. Ein Gast aus Philadelphia skizzierte im Gästebuch eine amerikanische Flagge und erinnerte stolz an den „Centennial Masch Wagners". Kein einziger Besucher hat sich abfällig über das Museum geäußert.

Manche gaben ihre Eindrücke sachlich detailliert wieder: „Sehr instruktiv und geschmackvoll präsentiert" – „Besonders beeindruckt von der Vielseitigkeit des Gebotenen und der gerechten Würdigung auch der für W. bedeutsamen Persönlichkeiten verschiedenster Richtungen"– „We found this museum a very fitting memorial to such a prestigious composer" („Wir fanden, dass dieses Museum eine sehr passende Gedenkstätte ist für einen so bedeutenden Komponisten") – „Das Museum gibt in sehr sinnvoller Weise einen umfassenden Einblick in Leben und Werke Richard Wagners" – „…sehr beein-

---

Hofsekretär und Staatsrat im Königreich Bayern (14. Dez. 1820 Amberg – 2. März 1912 München)

druckt von der Rekonstruktion des schwer zerstörten Hauses und dem interessanten, reichhaltigen Ausstellungsmaterial und gute Wünsche für die Zukunft dieses lebendigen Museums." Die beiden letzten Worte sind unterstrichen.

Vielfach wird das „Klingende Museum" besonders erwähnt. Ein Wissenschaftler aus Budapest spricht von einem „großen Erlebnis". Ein Franzose schreibt – sinngemäß übersetzt: „Es ist das Verdienst des Museums, dass es die Atmosphäre wiedergibt, die uns in dieser Musik immer berührt." Andere Gäste wiederum äußerten ihr besonderes Gefallen an den Bühnenbildmodellen.

Ein Besucher, der noch das alte Wahnfried gekannt hatte, notiert: „Es ist jetzt noch großartiger als im früheren Haus." Das Schwärmen nimmt kein Ende: „Es war ein Genuss und ein Erlebnis" – „In Erinnerung an schöne Wochen im Haus Wahnfried"– „Mein schönstes Geburtstagsgeschenk – Besuch im Haus Wahnfried" – „Wunderbar", schreibt in Deutsch ein Herr aus Halifax, England. Und ein Landsmann beschränkt sich auf die Worte: „Thank you!"

> Herzlichen Dank! Wir können es kaum fassen, daß es nun für uns möglich ist, das Wagner-Museum „hautnah" zu besichtigen.
>
> Familie Kirchner-Fürstenau – DDR
> 3.12.1989
> und
> Familie Friebel – Löwenhain – DDR

> Das Haus „Wahnfried" gehört zu den phantastischsten Museen, die ich je erleben durfte. Musik, Wort und Bild vereinheitlichen sich zu einem einzigen unvergeßlichen Eindruck. Welch ein Glück, daß wir Kunstfreunde aus der DDR nun endlich diese Kunststätten besichtigen können!
>
> Dr. S. Vosallo, Dresden
> 3.12.89

Einträge von Besuchern aus der DDR im Gästebuch in der ersten Zeit nach der Grenzöffnung.

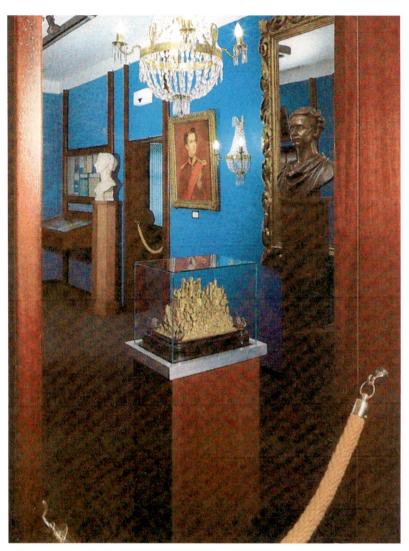

Der Rundgang durch das Museum war so angelegt, dass der Besucher vom nordöstlichen Eckzimmer des Obergeschosses durch diese Türe einen ersten Blick in das Königszimmer werfen konnte, dann über eine kleine Treppe zu den Räumen des Zwischengeschosses hinabstieg und die große Steintreppe wieder hoch zum Königszimmer.

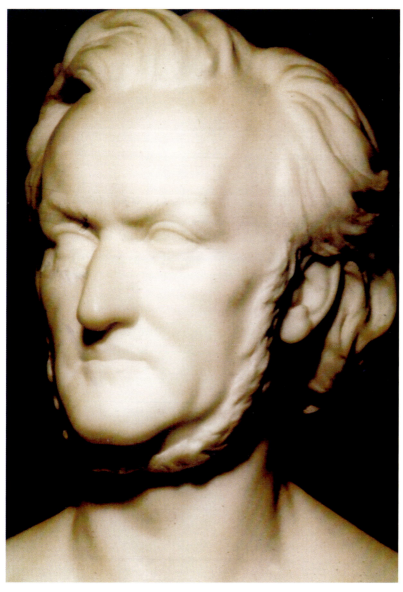

Richard Wagner, Marmorbüste von Caspar Zumbusch (1864) im östlichen Zwischengeschoss von Wahnfried.

Das Königszimmer. Vor das Glasporträt Ludwigs II., aus dem Schutt des alten Repräsentationstraktes in der RWG geborgen, wurde eine deckenhohe ausgeschnittene Spiegelwand gestellt. Dadurch und durch einen anderen großen Spiegel an der Wand gegenüber schien der Raum optisch wesentlich größer.

Franzosen sahen im Museum eine „hommage" an Wagner – „quel beau musée" (was für ein schönes Museum). Und ein Gast aus Chile schwärmte auf Spanisch: „Ein Traum wurde Wirklichkeit!" Und fügte hinzu: „Fantastico!"

„...und beginne endlich, Wagner kennen und lieben zu lernen"

Eine Salzburgerin bedankte sich „für die schönsten Stunden meines Lebens". „Ergriffen von der Weihe dieses Ortes, gedenke ich des Genius, der den Tristan schuf", trug ein Herr aus Villach pathetisch ein. Weniger feierlich, aber entwaffnend ungeschminkt, meint ein Tiroler: „Ich glaub, der Richard Wagner hätte sich gefreut."

„Dieses Haus und seine Schätze waren für mich eine Reise nach Bayreuth wert", bekennt eine Dame aus Antwerpen. Und ein anderer Gast vermerkt: „Ein Grund zum Wiederkommen."

Die „Halle" in Wahnfried mit dem Durchblick zum „Saal". Neben der Türe die Marmorbüsten von Richard und Cosima Wagner (von G. Kietz, 1873).

„Nach dem Besuch des Museums eine noch größere Verehrerin", resümiert eine andere Besucherin. Manche hatten offenbar eine Portion Skepsis mitgebracht. „Wir kamen mit Bedenken" heißt es in einem Eintrag zweier Kielerinnen, „– wir gehen voller Freude über das gesammelte Geschaute!"

Dass das Museum seinen Zweck erfüllt, bezeugen auch Äußerungen wie diese: „Der Besuch bedeutet für mich eine wertvolle Bereicherung meines Richard-Wagner-Verständnisses." Und die schönste Rechtfertigung lieferte eine Besucherin mit diesen Worten: „Nach vielen Jahren der Ungewissheit hinsichtlich der musikalischen Faszination Wagners komme ich hierher und beginne endlich Wagner kennen und lieben zu lernen."

„Bitte berühren!"

Über den Wiederaufbau von Wahnfried berichteten wir in einer Sonderausstellung. Als wir sie einrichteten, zimmerten wir aus groben, ungehobelten Latten einen großen Rost, der durch einen A-förmigen hohen Träger gestützt wurde. An dem Träger hängten wir jene Bruchstücke aus der zerstörten Gipsdecke des Saales auf, die wir bei den Recherchen und Vorarbeiten für den Wiederaufbau gefunden hatten – darunter eine fast komplette Rosette und den großen Teil einer Kartusche. Auf dem Rost lagen u. a. große Silikonstücke, die von Originalteilen abgenommen und mit deren Hilfe neue Teile gegossen worden waren.

Vor eines dieser Silikonstücke, die sehr elastisch und angenehm anzufassen waren, hatten wir – aus vielleicht verzeihlichem Übermut – ein kleines Schild gestellt: „Bitte berühren!" Mit dem Erfolg, dass immer wieder Besucher das kleine Schild an die Kasse brachten und leise, gleichsam hinter vorgehaltener Hand, flüsterten – oder aber triumphal trompeteten: „Ein Druckfehler!" Bis meine Mitarbeiter genervt baten, das Schild zu entfernen.

Museum des Jahres?

Im Jahr nach der Eröffnung wurde vom Generalkonservator Dr. Michael Petzet im Landesamt für Denkmalpflege der Institution „European Museum of the Years Award" in Avon, England, am 17. August 1977 vorgeschlagen, dem Haus Wahnfried den europäischen Preis als „Museum of the Year" zu verleihen. In der Begründung hieß es: „Wir halten es für das Musterbeispiel einer geglückten Symbiose zwischen Raummuseum und zugleich vorzüglich gestaltetem Spezialmuseum, das u. a. auch ein ‚klingendes Museum' ist. Es gilt nicht nur als Vorbild einer gelungenen denkmalpflegerischen Restaurierung, sondern wahrt auch in der Ausstattung seiner Innenräume den intimen Charakter der ehemaligen Villa. Seine Sammlungen sind von internationaler Bedeutung. Die Zahl seiner Besucher aus aller Welt steigert sich vor allem während der Festspielzeit in Sommer auf täglich 700 bis 800 Personen."

Der Oberbürgermeister notierte am Rand meiner Mitteilung: „Wäre sehr schön!" Bei diesem Wunsch blieb es denn allerdings auch.

Der Spitzbub

Wenn ich hoffte, Langfingern wie jenen Fotosammlern in der Gedenkstätte das Handwerk gelegt zu haben, so irrte ich mich.

Eines Sommertages rief mich unsere Mitarbeiterin an der Kasse, Hilde Lötzbeyer, an: Aus der Sonderausstellung über die Geschichte und den Wiederaufbau des Hauses Wahnfried sei eine Zeichnung gestohlen worden. Tatsächlich fehlte ein originaler Plan, ein Aufriss des Hauses, den ich samt Glasscheibe mit Spiegelklemmen fest an eine große Holzunterlage geschraubt hatte.

Frau Lötzbeyer erinnerte sich, dass der Leiter der Gruppe ein Telefongespräch mit der Bayreuther Jugendherberge geführt hatte. Ich ließ vorsorglich die Polizei verständigen und fuhr hinaus zur Jugendherberge. Dort wurde mir mitgeteilt, dass sich tatsächlich eine Schülergruppe einquartiert habe und dass sie in einer Viertelstunde zum Mittagessen zurückerwartet würde. Die verständigten Polizisten warteten mit mir im Foyer. Als die Burschen näherkamen, fiel einer Frau, die mit uns gewartet hatte, auf, dass einer der Buben etwas in einen Busch warf. Wir sahen nach, und tatsächlich fanden wir den Plan, zwar etwas zerknüllt, aber leicht auszubügeln und sonst wohlerhalten.

Auch das Gesicht des Übeltäters hatte sich die Frau gemerkt, und so konnte sich die Polizei das Sünderlein vorknöpfen.

„Klingende Wegweiser" als Lotsen

Für das Museum führte ich einen „Fonoführer", einen „klingenden Wegweiser" ein: Zehn kleine tragbare Kassettengeräte, die der Besucher sich gegen eine geringe Gebühr leihen und wie eine Handtasche über die Schulter hängen konnte, mit Kopfhörer und einer Kassette, die den Besucher eine Stunde lang durch die Räume begleitete. Zuerst wurde natürlich mit dem „Tannhäuser"-Chor die „teure Halle" begrüßt, ein Anlass, auf die Zerstörungen und dann auf die Kosten des Wiederaufbaus von Wahnfried hinzuweisen.

Die Kassettengeräte waren damals, 1976, das Brauchbarste, was die Firma Grundig zur Verfügung stellen konnte; sie spendierte nicht nur die Geräte, sie ließ sogar noch die Tragegurte anbringen und eine Sperre installieren, sodass Rekorder und Kassetten gegen Fehler und Missbrauch gesichert waren. Aber die Technik war damals noch vergleichsweise primitiv, ordentliche Direktaufnahmen mit den Rekordern konnte man nicht zuwege bringen. Ich musste erst auf dem Tonbandgerät ein Mutterband herstellen. Aber auch das hatte noch seine Tücken. Jedes Schalten machte sich als ein aufdringliches Knackgeräusch bemerkbar. Um es zu löschen und zu vermeiden, musste man auf Aufnahme schalten, den Bandteller jedoch noch anhalten, ihn dann um einige Zentimeter zurückdrehen, und dann loslassen – erst dann konnte man mit dem Sprechen oder mit dem Überspielen der Musikeinblendung beginnen – eine Prozedur, die Zeit und Geduld kostete. Ich bastelte etliche Wochen lang fast jeden Abend bis spät in die Nacht.

Die „klingenden Wegweiser" oder „Fonoführer" wurden gerne benutzt, zumal wir Freunde in Frankreich und in den USA fanden, die uns Übersetzungen des Deutschen auf Tonträger sprachen. Die ständigen Veränderungen im Museum hätten jedoch eine dauernde Erneuerung der Kassetten – auch der fremdsprachigen – erfordert, zudem fielen die Geräte oft aus.

Durch die Übernahme und Betreuung des Familienarchivs, die Planung und Realisierung des Jean-Paul-Museums, die Konzeption und Einrichtung des nach meinem Ausscheiden eröffneten Franz-Liszt-Museums und wegen anderer vordringlicher Angelegenheiten hatten sich die Aufgaben derart gehäuft, dass ich eine Erneuerung des „klingenden Wegweisers" meinem künftigen Nachfolger überlassen musste.

Führungen

Die Bitten um persönliche Führungen durch das Museum wurden darob nicht weniger. Viele Klassen kamen, seltener aus Bayreuther Schulen, mehr aus anderen Städten, oft in Begleitung interessierter Lehrer, vereinzelt auch allzu sehr interessierter Lehrer, sodass die Schüler, sich selbst überlassen, auf einem Ölporträt Bülows einen angemalten Schnurrbart oder Räume mit vertauschten Unterschriftstafeln hinterließen. Es meldeten sich Teilnehmer an kulturellen Seminaren, die sich über besondere Themen informieren oder diskutieren wollten. Gruppen junger Unternehmer oder von Firmen. Professoren ausländischer, auch chinesischer Universitäten oder vom Erziehungsministerium aus Peking, die so wissbegierig waren, dass sie Stunden über Stunden im Museum blieben. Es kamen Professoren aus Japan, mit denen ich mich später, bei einer Wagner-Ausstellung in Tokio, befreundete, andere vom Pariser Konservatorium, aus Petersburg, Studenten aus Moskau und der Ukraine – lauter aufgeschlossene Zuhörer, die sich durch das Geschaute und Gehörte fesseln und durch meine unverhohlene Identifizierung mit dem Museum und seinem Anliegen anregen ließen. Dass anekdotische Einstreuungen jeden Anschein von Aufdringlichkeit oder Überschwenglichkeit zügelten – auch dies war eine Gewohnheit, die bei den Zuhörern ankam. Jedenfalls hörte sich manches Dankeschön am Schluss spürbar ehrlich und oft herzlich an.

Ende der 80er Jahre kam auch eine prominente Besucherin aus China vom Erziehungsministerium in Peking. Sie hatte für die Besichtigung des Museums eigentlich nur wenige Stunden am Vormittag vorgesehen, war jedoch so animiert, dass sie einen für den Nachmittag vereinbarten anderen Termin verschieben ließ und bis zum Abend in Wahnfried blieb. Sie schickte später dieses Foto und schrieb auf die Rückseite: „Zur Erinnerung – Ihre Wu Xiu".

Der andere „Meister von Bayreuth"

„Vergessen dich die Deutschen heut?
Du bist der Meister von Bayreuth!"

So reimte der Kritiker Alfred Kerr 1902 im Gästebuch der „Rollwenzelei", dem Refugium des Dichters Jean Paul in einer Gastwirtschaft auf dem Weg zur Eremitage. Dass wir allerdings froh sind, zwei Meister zu haben, bezeugt das Jean-Paul-Museum, das zu den Augäpfeln unter den von uns betreuten Einrichtungen zählt.

Es war nicht einfach, alle Stadtväter von dieser Einrichtung zu überzeugen. Ich kannte Dr. Philipp Hausser gut, den Nachkommen jener Familie Schwabacher, in deren Haus der Dichter zuletzt gewohnt hatte und wo er auch gestorben war. Ich kam öfter zu ihm, er war mir bei Recherchen gerne behilflich und lieh mir großzügig auch Autografen.

Er bewohnte das Haus selbst. Ihm gehörte auch der Garten im Schatten der Stadtkirche, mit der Laube, in der Jean Paul sich oft aufgehalten hatte. Im Haus waren bis auf wenige Ausnahmen keine Gegenstände aus der Wohnung Jean Pauls mehr vorhanden. Dr. Hausser hatte schon als Student begonnen, Autografen, Erstausgaben, Bilder, Stiche, Drucke und Gegenstände von der Hand Jean Pauls, aus dem Besitz seiner Familie, seiner Freunde und aus dem ihm nahen Umkreis seiner Zeitgenossen zu sammeln.

Wenige Monate, nachdem ich die Gedenkstätte übernommen hatte, bot er an, seine Sammlung der Stadt Bayreuth zu überlassen unter der Bedingung, dass Räume für ein Jean-Paul-Museum zur Verfügung gestellt würden und dass ich die Leitung übernehmen würde. Ich war, trotz der anderweitigen damaligen Überlastung, gerne dazu bereit, und teilte dem damaligen Oberbürgermeister dieses Angebot sofort mit, das die einzige Chance bot, jenem anderen Meister in Bayreuth ein Museum einzurichten.

Ich fand jedoch wenig Interesse. Zeitweise erwog Dr. Hausser schon den Gedanken, seine Sammlung einem anderen Interessenten zu überlassen.

In jenen Jahren zeigte die Vereinsbank alljährlich zur Festspielzeit vielbeachtete Ausstellungen. So fragte ich Dr. Hausser, ob er seine Jean-Paul-Sammlung einmal dafür zur Verfügung stellen würde. Er zögerte nicht einen Augenblick mit seiner Zusage. Und so schrieb ich an den damaligen Vorstandsvorsitzenden der Bank in München, Dr. Eberhard, ein paar kurze Zeilen: „Wissen Sie schon, dass Sie im nächsten Jahr in Bayreuth vielleicht eine Jean-Paul-Ausstellung machen?"

Bei der Eröffnung dieser Ausstellung im darauf folgenden Jahr zitierte der humorvolle Direktor Eberhard diese Frage und fügte lakonisch hinzu: „Wir wussten es noch nicht."

Durch diese Ausstellung hatte sich die anfängliche Skepsis gelegt. Als die Archivräume der mittlerweile verstorbenen Frau Strobel im Erdgeschoss des Chamberlainhauses leergeräumt waren, konnte Dr.

Dr. Rudolf Eberhard, Direktor der Bayerischen Vereinsbank (links, im Gespräch mit Dr. Eger), bei der Eröffnung der Jean-Paul-Ausstellung in Bayreuth, mit der er der Stadt einen Anstoß zur Einrichtung des Jean-Paul-Museums gab. Dr. Eberhard war es auch, der Winifred Wagner 1945 den entscheidenden Hinweis gegeben hatte, um die Wahnfried-Bibliothek zurückzuholen und ihr das Schicksal einer Kriegsbeute zu ersparen.

Hausser mit mir endlich sein Jean-Paul-Museum einrichten. Zur Eröffnungsfeier im Saal von Wahnfried erschien auch der damalige bayerische Kultusminister, Prof. Hans Maier, den ich dann zum neuen Jean-Paul-Museum begleitete.

Drüben erwartete uns ein Schrecken: Die Türe, die so oft zu- und aufgeschlossen worden war, ließ sich nicht öffnen. Wir versuchten es minutenlang, aber die Tür blieb zu. Mir stand schon eine schlimme

Das Gartenzimmer des Jean-Paul-Museums im Erdgeschoss des Chamberlainhauses.

Szene vor Augen: Eine Gesellschaft, die durch die Laune einer unerbittlich verschlossenen Türe dazu gezwungen ist, hinters Haus zu gehen und durch das Gartenfenster in einen Festraum zu klettern – eine typische, Jean Pauls würdige Groteske, aus der ich aufgeschreckt wurde durch zornige Rufe des Oberbürgermeisters, der im Hintergrund in einem Gedränge wartete – bis sich das Schloss doch noch erbarmte und endlich Eintritt gewährte.

Jean Paul als musikalischer Geburtshelfer Schumanns

Das Jean-Paul-Museum war mehr als nur ein zufälliges und beiläufiges „Anhängsel" unseres Aufgabenbereichs. Das bezeugt eine Rundfunksendung, die ich 1983 für den RIAS schrieb, und die einen neuen Aspekt ins Blickfeld rückte:

Schumann war ein leidenschaftlicher Verehrer Jean Pauls, mit dem ihn eine tiefe Wesensverwandtschaft verband. Der Einfluss des Dichters auf den Komponisten war viel folgenschwerer, als in der Musikwissenschaft und unter den Pianisten bekannt ist.

Die Lektüre des Maskentanzkapitels im Roman „Flegeljahre" regte den jungen Schumann zu seinen „Papillons" an. Hier und in anderen Zyklen übersetzte er Bilder und dichterische Stileigentümlichkeiten Jean Pauls buchstäblich in Noten. Auf diese Weise schuf er seinen damals unerhört neu anmutenden Klavierstil. Jean Paul darf also als sein musikalischer Geburtshelfer bezeichnet werden.

Seine Gestalten und Szenen sind ein unentbehrlicher – und leider viel zu selten verwendeter – Schlüssel zum Verständnis und zur richtigen Interpretation mancher Schumann'scher Klavierstücke. Die engen Bezüge zwischen dichterischer Anregung und der Musik bestätigen auch die oft zu Unrecht bezweifelte Authentizität von Schumanns Metronomangaben. Daraus ergibt sich, dass die „Träumerei" nicht als sentimentales Rührstück, sondern als ein unbeschwertes Fantasieren gedacht ist.

Ein Hörer fand: „Die Qualität der zweiteiligen Sendung ‚Robert Schumann und sein einziger Jean Paul' war in allen ihren Elementen so ‚umwerfend' gut, dass ich nicht umhin kann, Ihnen und über Sie vor allem auch dem Autor herzlich zu danken, zu gratulieren. Profunde Kenntnis, ohne Abstriche in verständlicher und anhörenswerter Sprache mitgeteilt, verbunden mit sorgsam ausgewählten Beispielen: das Ganze ein Modellfall für Künftiges."

Bei einem Grazer Symposion äußerte der ungarische Musikwissenschaftler Nenad Turkalj nach diesem Vortrag: Schumanns „Träumerei" in der Originalmetronomisierung des Komponisten bedeute ihm persönlich eine „ungeheure Entdeckung", die durch ihre tiefe musikalische Logik und ihre Authentizität des Gefühls bezwingend sei. (In Otto Kolleritsch [Hg.], Aspekte der Musikpflege im Alpen-Adria-Raum seit dem 2. Weltkrieg, Graz 1986, S. 82.)

Der junge Fabio Luisi aus Graz, der sich später in Deutschland als Dirigent einen Namen machte, wagte schon früh, von dem Vortrag angeregt, bei einer Rundfunksendung alle Stücke der „Kinderszenen" nach Schumanns Metronomangaben zu spielen, auch die „Träumerei" mit dem vom Komponisten vorgeschriebenen heiteren Tempo.

Zwanzig Jahre später ergänzte der durch seine alljährlichen Gesprächskonzerte während der Festspielzeit bekannte Pianist Stefan Mickisch meinen Vortrag durch eine Doppel-CD mit minutiös belegten authentischen Tempi Schumann'scher Klavierstücke. Er hinterließ damit eine beispielhafte, auch pianistisch berührende Interpretation der „Träumerei" und der „Papillons".

Der Schwank mit dem Schrank

Nach dem Tod Frau Strobels kam es zeitweise zu einem kleinen Geplänkel zwischen Wolfgang Wagner und Oberbürgermeister Wild. Dieser wollte verhindern, dass Materialien ins Festspielhaus geschafft wurden, deren Besitz nicht geklärt war. In Frau Strobels nun verlassenem Arbeitszimmer im Erdgeschoss des Chamberlainhauses stand noch ein Stahlschrank, den ihr Mann, Dr. Otto Strobel, hinterlassen hatte. Niemand konnte genau sagen, was er enthielt. Um den Inhalt dem Zugriff der Stadt zu entziehen, ließ Wolfgang Wagner den Schrank verschließen und nahm den Schlüssel mit.

Ich musste dies dem OB berichten. Die Episode endete jedoch als Schwank. OB Wild kam, sah und ließ kurzerhand den ganzen verschlossenen Schrank wegschaffen und in einem Kellerraum des Rathauses deponieren. Dort wurde er später geöffnet. Er enthielt meist Material für Dr. Strobels Buch über den ersten Festspieldirigenten Hans Richter.

Als später Wolfgang Wagner eines Tages einige Aktenschränke Frau Strobels zu durchsuchen begann und Anstalten machte, eine Kartei herauszunehmen, musste ich ihn darauf hinweisen, dass der Oberbürgermeister strikt verboten hatte, aus dem Archiv etwas entnehmen zu lassen. Darüber geriet Wolfgang Wagner in Zorn, riss die Schublade heraus und schüttete die gesamte Kartei auf den Boden. Die Aufregung hätten wir alle uns ersparen können, denn die Karten waren bis auf einige wenige Blätter leer. Wahrscheinlich war Dr. Strobel gar nicht mehr dazugekommen, die Kartei anzulegen.

Friedelind und Verena

Noch ein andermal bewies Oberbürgermeister Wild seine resolute Obsorge als Sachwalter. Sogleich nach dem Tod Winifreds ließ er – noch nachts! – die Schlösser im Siegfriedhaus, also zu ihrer nun verlassenen Wohnung, auswechseln. Aus gutem Grund, wie sich zeigte, als Friedelind sich am nächsten Tag darüber empörte. Ein Zeuge wollte sie gesehen haben, wie sie am sehr frühen nächsten Morgen noch im Schlafmantel von ihrer Wohnung im Gärtnerhaus hinüber zum Siegfriedhaus geeilt sei und sich erfolglos an den Türschlössern zu schaffen gemacht habe.

Ich selbst war Friedelind wegen einer Weihnachtsüberraschung überaus dankbar. Lange zuvor hatte ich einen französischen Film gesehen, in dem ein junger Student, der Priester werden wollte, seiner Geliebten zum Abschied am Flügel ein Stück spielte, das mich ergriff und nicht mehr losließ. Ich vermutete, es sei von Bach. Wochen- und monatelang versuchte ich, Näheres darüber zu erfahren, konnte es aber nicht beschreiben. In einem Bamberger Musikgeschäft wo sich schon seit meiner Studentenzeit eine komplette Ausgabe aller Klavierstücke Bachs befand, blätterte ich Band um Band durch. Ich hatte zwar nicht die Melodie des gesuchten Stücks im Ohr, aber das ungefähre Notenbild vor Augen. Manchmal glaubte ich schon, es vor mir zu haben – immer vergeblich. Schließlich musste ich aufgeben. Auch eine Anfrage bei unserem Pariser Korrespondenten und Kollegen blieb erfolglos. Noch monatelang ging mir die Erinnerung an dieses Stück nicht aus dem Kopf.

Verena Lafferentz-Wagner und Dr. Manfred Eger

Bayreuther Bühnenfestspiele

Copyright   Friedelind Wagner   phot. Weirich Festspielhaus

Monate später bekam ich von Friedelind eine kleine Schallplatte mit Aufnahmen aus ihrer Meisterklasse, deren Konzerte in Wahnfried ich regelmäßig besucht und besprochen hatte. Am Tag vor dem Heiligen Abend, beim Schmücken des Christbaums, wurde die Platte von mir aufgelegt. Zuerst kam eine mir bekannte Sonatine aus der Kantate „Gottes Zeit ist die allerbeste Zeit". Dann setzte ein Klavier ein – und ich mich auf den nächsten Stuhl: Es war das Stück, nach dem ich so lange vergeblich gesucht hatte. Noch heute werden mir die Augenwinkel feucht, wenn ich daran denke – und an Frau Friedelind, die damals noch gar nicht ahnte, welch unsägliche Freude sie mir bereitet hatte.

Der Pianist war Bruce Hungerford aus Australien. Das Stück erwies sich als eine Bearbeitung des Bach-Chorals „Jesu bleibet meine Freude", der vermutlich jedem Protestanten geläufig gewesen wäre. In einer Münchner Musikalienhandlung fand ich dann eine Ausgabe der Bearbeitung, sie stammte von Myra Hess und sie gehörte fortan zu meinen meistgespielten Noten – bis ich einsah, dass meine Versuche bei weiten dem Vergleich mit der Wiedergabe Bruce Hungerfords nicht standhielten. Sie kommt der des jung verstorben Dinu Lipatti* nahe, der, wie ich las, diese Bearbeitung lebenslang zu seinen Lieblingsstücken und Dreingaben gezählt hatte.

Friedelind erzählte auch Bruce Hungerford von meinem Erlebnis. Als er später wieder nach Bayreuth kam und einen Klavierabend im Markgräflichen Opernhaus gab, setzte er sich am Schluss noch einmal an den Flügel und spielte – „Jesu bleibet meine Freude".

Wohin mich später mein Bachvortrag auch führte, immer beendete ich ihn mit der Aufnahme von Hungerford, und manche Zuhörer waren davon so berührt, dass sie mich um eine Überspielung baten.

Als Friedelind starb, erzählte ich ihrer Schwester diese Geschichte. Verena selbst war eine sympathische, gewinnende Erscheinung. Ihr Humor, ihr verbindliches Wesen, ihre Art, mit allen anderen Mitgliedern der Familie versöhnlich umzugehen, ohne sich von zeitweiligen Misshelligkeiten behelligen zu lassen, imponierten mir. Ihr gewinnendes Wesen hat sie überall beliebt gemacht, wo sie sich sehen ließ,

---

Rumänischer Komponist (19. März 1917 Bukarest – 2. Dez. 1950 Genf)

und das ist an vielen Orten, wohin die aktive Dame ihren Wagen – mit 90 Jahren noch selbst am Lenkrad – steuerte.

Zu ihrem 80. Geburtstag machte ich aus meiner ihr bekannten Verehrung kein Hehl und sandte „dem so ganz und gar aus der Art geschlagenen, weitaus liebenswerten Spross des Wahnfried-Clans" meine Glückwünsche. Und bekam prompt eine zurechtweisende Antwort, in der sie ihren Vater, ihre Mutter und Geschwister vehement verteidigte.

Ich reagierte bestürzt – „…auweh" – entschuldigte mich für meine – zugegeben – maßlose Bemerkung und hoffte insgeheim, dass Verena sie trotz allen Überschwangs verstanden hatte, wie sie gemeint war.

Unser Festspielzirkel

Während der Festspielzeit trafen sich in meinem Büro im Chamberlainhaus oft Besucher, mit denen ich teils jahrelang korrespondierend in Verbindung stand. Bei einer solchen Gelegenheit kam die Sprache auch auf das „Klingende Museum" und die für Abspielungen relevanten Leistungsschutzrechte. Dabei stellte sich heraus, dass ein anwesender Freund aus der Schweiz, Dr. John Mueller, ein Fachmann auf gerade diesem Gebiet war. Er erklärte sich dazu bereit, ein Gutachten zu verfassen. Ich hatte es schon wenige Wochen später in der Hand, es umfasste 16 Seiten. Mit ihm konnte ich einmal mehr manche Bedenken Wolfgang Wagners gegen unser „Klingendes Museum" teil- und zeitweise ausräumen.

Zum Freundeszirkel gehörte auch der unvergessene Marcel Prawy, der wusste, dass ich ihn wegen seines unerschöpflichen Kenntnisreichtums und der unwiderstehlich ansteckenden Begeisterung für seine jeweiligen Sujets schätzte. Er arbeitete beim Recherchieren für seine Bücher mehrmals in unserem Archiv. Für eine neue Veröffentlichung erbat er sich von mir detaillierte Auskünfte. Ich schickte ihm mehrere Seiten, und er sandte mir daraufhin einen Blankoscheck mit der Bitte, doch einen Betrag einzusetzen, der doppelt so hoch sei wie meine höchste Honorarvorstellung. Ich machte davon verständlicherweise keinen Gebrauch.

Freunde: mit Marcel Prawy

Das Kitsch-Kabinett

Nicht alle Pläne hatten wir in der knappen Zeit verwirklichen können. Ein Vorhaben hatte noch warten müssen. Wolfgang Wagner sprach es aus: „A Kitschkabinett sollt mer übrigens auch ham!" Mit seiner Ermunterung reagierte er offensichtlich auf die Erfahrungen, die wir mit der erwähnten Ausstellung in der Gedenkstätte und den düpierten, um ihre Pointen gebrachten Spöttern gemacht hatten. Wir richteten nun neben dem Saal in Wahnfried ein Kabinett „Kuriosa, Kitsch und Kostbarkeiten" ein, mit einem großen Teil der schon in der Gedenkstätte gezeigten Gegenstände und etlichen Ergänzungen.

So stand in einer Drehvitrine nun ein Bierglas – stellvertretend für ein anderes – zum stillen Gedenken an einen Wagnerianer, der einst im Bayreuther Wirtshaus Angermann einem Nachbarn den Krug über den Kopf geschlagen hatte, aus Zorn wegen dessen abfälligen Äußerungen über den „Meister", worauf es sogar zu einem Duell gekommen war. Der Täter war Professor Alfred Pringsheim, der Schwiegervater Thomas Manns, ein Mathematiker und übrigens ein leidenschaftlicher Schopenhauer-Gegner, weshalb er von Freunden fortan „Schoppenhauer" genannt wurde.

Zu einem geflügelten Wort wurde bei Besuchern der Text zu einer Karikatur aus dem „Kladderadatsch" von 1914 über den Prozess, in dem Isolde Beidler ihre Mutter Cosima zwingen wollte, die verleugnete Vaterschaft Wagners zuzugeben. Einige Rheintöchter singen dazu: „Wagala weia, / wir waschen aufs neia / die schmutzige Wäsche, / o Cosimamaia!"

Es ging nicht um ein bloßes Schmunzelkabinett, obgleich man sich dabei auf Wagners eigenen Humor berufen könnte. Aber eine solche Schau, als Appendix einer seriösen Dokumentation, kann zugleich Einblick bieten in ein aufschlussreiches Kapitel des Wagner-Verständnisses und -Missverständnisses, mit dem Anreiz, den Beweg- und Hintergründen nachzuspüren. Vor allem jedoch kam es darauf an, das Museum von einer abwegigen Wagner-Verehrung zu distanzieren, die dem Verständnis eher schädlich als förderlich war. Und das kann nicht besser geschehen als eben dadurch, dass man ihre Auswüchse zeigt.

Nicht ein einziger von Tausenden Besuchern der Sonderausstellung hat Unmut geäußert. Diese Tatsache spricht dafür, dass die Wagner-Schwärmerei von einst einer sachlicher fundierten Beschäftigung und Bewunderung gewichen ist, der ein Ausbreiten solcher Kuriosa nichts anhaben kann. Eine Luftveränderung in Bayreuth, die in Presseberichten über die kleine Schau ausdrücklich registriert wurde und mit der mancher vorurteilsträchtigen Animosität ein lieb gewordener Wind aus den Segeln genommen wurde.

Wagners Strohhut für Richard Burton

In dem neuen Glasschrank des Kabinetts waren nun Kleidungsstücke der einstmaligen Bewohner zu sehen. Darunter jener Strohhut, den Wagner bei dem bekannten Familienfoto auf der Gartentreppe von Wahnfried trug. Hundert Jahre später setzte ich denselben Hut an derselben Stelle dem Filmschauspieler Richard Burton aufs Haupt.

Burton – an seiner Seite Vanessa Redgrave als Cosima – war der Hauptdarsteller in einem Film über Richard Wagner. Er wurde in den 80er Jahren zum Teil auch in Wahnfried gedreht. Dabei sollte das erwähnte Foto auf der Gartentreppe nachgestellt werden.

Ein Assistent besorgte einen Neufundländer (den Ruß) und einen kleineren Artgenossen, dann bat er mich, mit ihm auf die Suche nach vier Cosima-Töchtern zu gehen. Auf der Straße sprachen wir geeignete junge Damen an: „Hätten Sie Lust, in einem Film mit Richard Burton mitzuwirken?" Rasch waren vier Damen bereit. Sie verschwanden im lastwagengroßen Kostümwagen und kamen als stilecht gekleidete Daniela, Blandine, Isolde und Eva wieder heraus. Seinem fotografischen Vorbild Heinrich von Stein im schwarzen Gehrock verblüffend ähnlich war der Leiter der städtischen Fotoabteilung. Der Maler Paul von Joukowsky und der kleine Siegfried fanden ebenfalls passende Ebenbilder. Der Regisseur gruppierte die Schar samt den Hunden auf der Treppe so penibel genau um Burton/Wagner und Redgrave/Cosima, dass Betrachter eines von mir geblitzten Standbilds später manchmal glaubten, das alte Foto in der Hand zu haben.

Bei einer Szene im Saal sollte Cosima am Klavier zu hören sein. „Was lassen wir sie spielen?" fragte der Assistent. Ich war damals mit einer Sendung über Wagner und Bach beschäftigt. Also Bach. Vanessa Redgrave wollte vorher unbedingt etwas üben. Ich fuhr sie zur Klavierfabrik Steingraeber. Ein freundlicher Lehrer der Kirchenmusikschule probte mit seiner Schülerin Redgrave eine Fuge. Die Mühe war vergeblich. Von Cosimas Klavierspiel in Wahnfried war im Film nichts zu sehen oder zu hören.

Als im Saal gedreht wurde, blies ein Rohr plötzlich dünne Wolken in den Saal, wie Weihrauch. Der Regisseur zauberte auf diese Weise

Auf der Gartentreppe von Wahnfried nahm Adolf von Groß 1881 dieses Familienfoto auf: mit Richard und Cosima Wagner, Heinrich von Stein, links Blandine von Bülow, davor Daniela von Bülow und – sitzend – Paul von Joukowsky, vorne die Kinder (Isolde, Eva und Siegfried) mit den beiden Hunden.

eine schöne, von Abendsonne beleuchtete Goldluft. Alle ließen sich von der Stimmung bezaubern.

In einer Drehpause saß Burton mit Vanessa Redgrave lange Zeit schweigend in der Halle Wahnfrieds und betrachtete die Stukkaturen und die „Ring"-Illustrationen in der Kehlung unterhalb der Decke. Ich fragte ihn: „How do you feel in your house?" Burton begann sehr höflich zu erklären, dass es ihm in seinem Hotel gut gefalle. Bis ihm Vanessa Redgrave den Ellenbogen in die Seite stieß und mit einer ausgreifenden Handbewegung und einem durch die Halle schweifenden Blick sagte: „In your house, Mister Wagner!" und beide lachten.

Hundert Jahre später wurde das Treppenfoto von 1881 am selben Ort für einen Film nachgestellt. Alles war geändert, auch die Südfassade mit der Treppe war erneuert. Die Hauptdarsteller waren Richard Burton und Vanessa Redgrave. Nur eine Utensilie war alt: der Strohhut, den Richard Wagner schon auf dem alten Foto getragen hatte und mit dem sich auch Burton hier präsentierte.

Haus Wahnfried II. Das Foto oben täuscht. Dieses Haus stand bei Baden-Baden und war nur ein etwas verkleinerter Nachbau des Originals für einen Film. Das Foto unten zeigt die Rückfront.

Haus Wahnfried bei Baden-Baden

In den achtziger Jahren konnte der Spaziergänger mitten auf einem freien Feld bei Baden-Baden ein Haus betrachten, das haargenau wie Wahnfried aussah. Es sah nicht nur so aus: es war Wahnfried – nämlich in einem anderen Film über Wagner. Für diesen Streifen, er hieß „Wahnfried – Szenen einer Ehe", hatte der Südwestfunk eine Kopie des Bayreuther Vorbildes nachbauen lassen, etwas kleiner zwar, ohne die Vorderfront und beschränkt auf die Gartenfassade, aber der Saal und die Halle waren in Details aufs Feinste ausgestaltet, schöner als das Bayreuther Original.

Dazu hatte die Regie einige Leihgaben von uns erbeten, so auch einen großen Sessel aus dem ehemaligen Saal und den großen Globus Chamberlains. Diesen Nachbau zu besichtigen, war für mich eine Ehre und sehr interessant.

Die Kosten für die Attrappe beliefen sich auf anderthalb oder zwei Millionen DM. Für einen Bruchteil dieses Betrags hätte man das Bayreuther Original mieten können.

1986 bot der Südwestfunk sein Haus Wahnfried privaten Käufern als Grundstein für ein Bauwerk in einem „Fantasyland" oder als „schlichtes Wochenend-Walhall" an.

Rund um das „Klingende Museum"

Die Tonbänder für das „Klingende Museum" konnten nur abends überspielt und zusammengestellt werden, wenn alles leer war. Die Geräte waren in Wahnfried zunächst noch ziemlich primitiv. Es bedurfte einiger Geduld, Knistergeräusche von angestaubten Platten zu entfernen. Ein Problem, von dem die heutigen, an die Digitaltechnik gewohnten Bastler keine Vorstellung mehr haben. Umso schöner war es, wenn man zu später Nachtstunde eine gelungene Kassette im Saal von Wahnfried anhören konnte, während draußen im Garten nur der Brunnen plätscherte.

Dank unserer guten Beziehung zu der Firma Grundig und dem Chef ihrer Bayreuther Niederlassung, Direktor Rheinstädtler, der das Museum immer hilfsbereit unterstützte, bekamen wir wenige Jahre nach der Eröffnung des Museums vier neue Kugellautsprecher. Die dann im Saal zwischen den Sitzreihen der Zuhörer aufgestellt wurden. Sie klangen, vereinzelt, weitaus besser als die alten Boxen in der RWG.

Als ich Dr. Bergfeld stolz unsere neue Abspielanlage zeigte und ihn fragte, was er sich wünsche, sagte er zum Gaudium des Saals: „Die Lustige Witwe".

Später konnten wir vom Dachboden der ehemaligen Hilfsschule ein aufziehbares Grammophon holen. Eine Inschrift lautet: „Dem Richard Wagner Museum Bayreuth gestiftet von der Columbia Grammophon Company London".

Weitsichtige Stifter hatten ein Richard-Wagner-Museum beschenkt – lange, bevor es ein solches überhaupt gab. Wir besorgten neue Nadeln, und der Apparat funktionierte, wie eben ein altes Grammophon damals funktionierte. Wir konnten den Besuchern noch eine Entdeckung vorstellen: Eduard Mörike als Wagner-Dirigenten! Das hat nicht wenige Besucher verwundert, die eventuell von derlei kapellmeisterlichen Ambitionen des Dichters noch nie gehört oder gelesen hatten. Auf einer alten Schallplatte, die mit anderen Scheiben den Umweg ins Tonarchiv gefunden hatte, war sein Name schwarz auf weiß zu sehen. Allerdings handelte es sich beim Dirigenten nicht um den Lyriker, sondern um einen Namensvetter, der in Berlin tätig gewesen war und 1906 übrigens als musikalischer Assistent auch in Bayreuth gastiert hatte.

Die neue Anlage

1991 musste der Teppich im Saal erneuert werden, der alte war durch die vielen Besucher an manchen Stellen abgetragen. Wir wollten diese Gelegenheit nutzen, um eine moderne Abspielanlage einzubauen. Ein Lautsprecher-Spezialist aus dem Bayerischen Wald, Herr Lorenz, war bei Wolfgang Ramming, einem Freund und Lyons-Club-Mitglied, der uns mehrmals mit Spenden unterstützt hatte, in dessen Wohnung eingeladen. Dort begeisterte er uns mit der Vorstellung einer neuen, mit mehreren Lautsprechern ausgestatteten Anlage.

Der Saal nach dem Einbau der neuen Abspielanlage. Die großen Lautsprecher waren verbannt, die neuen in ausgegrabenen Nischen hinter der Holzvertäfelung verborgen und auf Schächte in den Wänden hinter dem Flügel verteilt, die Bässe an den Südenden der unteren Bücherschränke untergebracht – alles weitgehend unsichtbar bis auf Reihen schmaler Klangschlitze.

Das alte Grammophon, von der Columbia Grammophon Company London dem Richard-Wagner-Museum geschenkt, bevor es ein solches Museum überhaupt gab. Der Schrank fand sich in einer Rumpelkammer, von Staub und Ziegelbrocken übersät. Doch innen war er wie neu. Er fand im großen Raum des Obergeschosses von Wahnfried einen Ehrenplatz.

Die Kosten einer solchen Einrichtung in Wahnfried waren auf rund 40.000 DM veranschlagt. Wolfgang Wagner stimmte, wie die anderen Mitglieder des Stiftungsrates, dem Kauf zu. Die Hälfte des Betrags konnten wir durch Spenden aufbringen.

Bei der Einweihung der neuen Anlage – im Saal saßen die Sponsoren und andere Ehrengäste – erlebten wir eine peinliche Enttäuschung: Die Lautsprecher gaben – anders als bei vielen Proben zuvor – keinen Ton von sich. Nach endlos scheinenden Minuten kamen plötzlich doch noch Töne aus den Lautsprechern. Nun waren Ausschnitte aus Elgars „Enigma-Variationen" angekündigt. Die Lautsprecher aber ließen ein „G-G-G Es" hören: Beethovens Fünfte! Mit einer Spur von Galgenhumor bemerkte ich, dass ich die „Enigma-Variationen" eigentlich anders in Erinnerung habe. Das Gelächter der Gäste löste die Spannung, und endlich kamen aus den neuen Lautsprechern die erlösenden Geigen Elgars, dirigiert von Yehudi Menuhin – ein unerhört differenzierter Klang.

Misstöne

Um künftigen Vorhaltungen Wolfgang Wagners wegen der Abspielungen im „Klingenden Museum" vorzubeugen, fragte ich bei der GVL, der Gesellschaft für Leistungsschutzrechte, nach den Gebühren. Die Antwort: Bei einer dreimaligen Abspielung am Tag würden dreimal 80 DM berechnet, also täglich 240 DM. Ich rief daraufhin den leitenden Angestellten an, der diesen Bescheid unterzeichnet hatte, und gab ihm zu verstehen, dass wir das „Klingende Museum" unter diesen Umständen leider schließen müssten.

Er antwortete: Ja, er sehe nicht ein, warum er Wolfgang Wagner einen Gefallen tun sollte. Ich fragte, wieso Herrn Wagner? Der GVL-Sachwalter erzählte, dass aus Italien Pressungen des Bayreuther Knappertsbusch-„Rings" von 1956 angeboten würden. Der Verkauf war zwar in Italien erlaubt, weil die Schutzfrist für Leistungsschutzrechte dort nur 20 Jahre, in der Bundesrepublik jedoch 25 Jahre beträgt. Wie mein Fernsprechpartner dazu erklärte, habe man mit Oszillographen festgestellt, daß den Produzenten der Schallplatten eine Bandaufnahme des Bayerischen Rundfunks vorgelegen haben muss. Dass jemand vom

Bayerischen Rundfunk das Band entliehen habe, sei von den dortigen Sachwaltern ausgeschlossen worden. Nun gab es aber ein zweites Band, das Wolfgang Wagner bekommen hatte. Er habe wegen der Anfrage versprochen, der Frage nachzugehen, ob etwa dieses Band den Plattenproduzenten zugespielt worden sei. Herr Wagner habe jedoch dann nichts mehr von sich hören lassen, sodass man in Hamburg sicher sei, daß das Bayreuther Band nach Italien gekommen sei.

Ich erklärte daraufhin, dass ich für Wolfgang Wagner meine Hand ins Feuer legen würde und dass er bei seiner Vorsicht in solchen Dingen dergleichen nie tun würde. Der GVL-Mann meinte, dass dann irgend jemand anders, vielleicht ein Familienmitglied, dieses Band heimlich dem Archiv des Festspielhauses entnommen haben müsse. Aus Bayreuth kam damals keine weitere Erklärung. Das sei der Grund, weshalb man in Hamburg auf Wolfgang Wagner nicht sehr gut zu sprechen sei.

Ich musste lachen, und als mein Gesprächspartner fragte, warum ich das so komisch fände, erwähnte ich Wolfgang Wagners Abneigung gegen unser „Klingendes Museum" und seine Versuche, es abzuschaffen. Ich sagte, dass man Herrn Wagner keinen größeren Gefallen tun könnte, als die verlangten Gebühren zu verdoppeln und zu verdreifachen.

Ja, wenn das sooo sei, meinte der Gesprächspartner, und er kündigte an, dass ich von der GVL noch hören werde. Wenig später bekam ich den Bescheid, dass die GVL für alle Abspielungen in Wahnfried eine Jahrespauschale von DM 600 berechnen würde. Dieser Betrag wurde zweimal verlangt und bezahlt, dann kam nie mehr eine Rechnung.

Eine kleine Bosheit

Die Hamburger hatten aber noch eine kleine Bosheit gegen Wolfgang Wagner parat: Mir wurde ausdrücklich genehmigt, auch unveröffentlichte und ungesendete Aufnahmen aus dem Festspielhaus zu verwenden. Dieser Passus gefiel Wolfgang Wagner erst recht nicht, und er mobilisierte Oberbürgermeister Wild gegen mich. Ihm erklärte ich den Sachverhalt, und er bat mich, Herrn Wagner selbst Bescheid zu geben. Ich versicherte also Herrn Wagner, dass nicht ich den Passus vorgeschlagen habe und dass ich selbstverständlich, wenn er dies möchte, auf die Verwendung solcher Aufnahmen verzichten würde, zumal es immer mehr gute neue Aufnahmen von anderen Orchestern gebe. Diese Bemerkung gereichte Wolfgang Wagner, wie ich an seinem langen Schweigen merkte, jedoch auch nicht zur Beruhigung. Aber damit war zumindest das Thema GVL erledigt, und er kam lange nicht mehr darauf zurück.

Doch, noch einmal, bei einer Trauerfeier für Wieland Wagner in Wahnfried. Ich ließ dabei einige Szenen aus der „Tristan"-Aufnahme mit Karl Böhm, Birgit Nilsson und Wolfgang Windgassen abspielen. Worauf Herr Wagner am anderen Tag den OB Wild anrief und ihm mitteilte, die Familie sei nicht gewillt, der Stiftung irgend etwas zu überlassen, wenn Herr Dr. Eger nicht aufhöre, widerrechtlich Aufnahmen abzuspielen. Ich traf Herrn Wagner einige Tage später zufällig in der Stadt und teilte ihm mit, dass ich seit dem Erscheinen der fraglichen „Tristan"-Kassette von der Firma Philips die Zusicherung habe, ich könne in Wahnfried jederzeit alles daraus abspielen, was ich möchte. „Moment", warf Wagner ein, „wie können die das genehmigen? Da sind ja wir schließlich auch noch da!" Er musste gleich eingesehen haben, dass er sich damit den Schwarzen Peter selbst zugespielt hatte. Er brummelte im Weitergehen nur vor sich hin.

Gar nicht behagte ihm, dass ich im „Klingenden Museum" auch Helen Traubels Aufnahme mit der Herzeleide-Erzählung abspielte – der schönsten, die es für mich gibt, und der eigentlich nur eine Aufnahme mit Waltraud Meier aus ihren ersten Bayreuther Kundry-Jahren annähernd gleichkommt. Wolfgang Wagner erklärte, dass diese Aufnahme Helen Traubels tiefer eingespielt und dann hochtransponiert worden sei. Da sei ihre Darbietung keine Kunst. „Das kann ich auch!" meinte er. Ich versprach ihm heiter, wenn ich eine solche Aufnahme von ihm bekäme, würde ich sie gerne abspielen und nie mehr die Platte mit Helen Traubel. Wolfgang Wagner machte von diesem Angebot jedoch leider keinen Gebrauch.

„Halt lieber mal es Maul"

Über die neue Anlage äußerte er sich während meiner Amtszeit nicht. Jahre später – ich war bereits im Ruhestand – fiel bei einer Ehrung für langjährige Mitwirkende der Festspiele darüber eine abfällige Bemerkung. Wolfgang Wagner reagierte beifällig: Man müsse nicht alles gut finden, was geschenkt worden sei.

Mir war dies wegen der Sponsoren peinlich. In einem versöhnlichen Leserbrief wies ich Wolfgang auf die akustischen Probleme im Saal, aber auch auf das Lob vieler Besucher hin, andererseits auch auf seine langjährigen Attacken gegen das „Klingende Museum" und bemerkte spitz, dass ihm vermutlich nur eine Anlage behagen würde, die keinen Ton von sich gäbe. Doch „damit kein Mißverständnis entsteht: Derartige Frotzeleien zwischen dem Hügel und Wahnfried werden nicht mit dem Kriegsbeil ausgefochten, sondern – nicht wahr, Herr Wagner? – mit fröhlichem Augenzwinkern und der freundschaftlichen Friedenspfeife zwischen den Zähnen."

Ich habe nie vorher und nie nachher so viele zustimmende Anrufe und Briefe erhalten. Meine Frau befürchtete zwar, als die Zeitung mit dem Leserbrief erschien: „Wir werden nie mehr Karten bekommen!" Aber noch am selben Morgen rief Wolfgang Wagner an: Es sei ja nicht so gemeint gewesen, gell? „Mei Frau hat mir scho gsagt, ich soll lieber mal es Maul halten!"

Dass er sich nicht scheute, sich zu entschuldigen, wenn er vorher ein wenig die Kontrolle verloren hatte oder einem Missverständnis zum Opfer gefallen war, dies gehörte zu seinen sympathischen Seiten, und nie konnte er jovialer, offener und herzlicher sein als in solchen Momenten. Er plauderte damals noch lange, aufgeräumt wie selten. So blieb es fortan zwischen uns immer, wenn wir uns sahen.

Als mir 1955 das Bundesverdienstkreuz überreicht wurde, nahm erfreulicherweise auch Wolfgang Wagner an der Veranstaltung im Regierungsgebäude von Oberfranken teil.

Wolfgang Wagner in Aktion.

„Eine furchtbare Familie"

Bei einem Plausch mit Bekannten im Hotel „Anker" vermittelte Winifred einen drastischen Eindruck von der Pietät mancher Mitglieder ihrer Verwandtschaft: Als ihre Schwägerin Frau Thode das Zeitliche gesegnet hatte, belehrte einer der Trauergäste die Neffen Wieland und Wolfgang mit den Worten: „Seht ihr, gestern war sie noch eure Tante Thode, heute ist sie schon eure tote Tante!"

Viel pietätvoller waren die Brüder selbst auch nicht. Als ich Wolfgang bei einer Führung für prominente Besucher vor dem Sterbesofa in Wahnfried fragte, ob es stimme, dass er und Wieland dieses Möbel oft als Trampolin benutzt hätten und darauf herumgehüpft seien, antwortete er: „Und wie! Wir ham auch immer mit'm Gebiss von unserer Oma gschpielt." Seine Oma, das war Cosima.

Und als Frau Winifred ein andermal freiweg über familiäre Interna plauderte und Dr. Bergfeld sarkastisch scherzte: „Aber das ist ja eine furchtbare Familie!" lachte sie mit ihrer tiefen Stimme los: „Wem sagen Sie das!"

Wenn hier schon so beiläufige Vergnüglichkeiten aus der Erinnerungsschatulle jener Jahre geholt werden, sollte man auch jene kleinen einschlägigen Irrtümer nicht vergessen, denen einige Journalisten zum Opfer gefallen sind. Vor allem zwei sind mir in Erinnerung geblieben: Der eine, der mich angesichts der Büste von König Ludwig II. vor dem Haus Wahnfried fragte, wer das nun eigentlich sei, Cosima oder Winifred? – Eine Frage, die mich veranlasst hat, auf dem Sockel den Namen anzubringen. Der andere Kollege wollte wissen, ob Winifred der Sohn oder der Enkel von Wagner sei.

„Zum Kunden taugt kein Toter"

Meine erste Sekretärin, Margarete Wirsbitzki, entdeckte einmal beim Stöbern im Archiv Aufzeichnungen des Cellisten Theobald Kretschmann über Histörchen von den ersten Festspielen, die in einer Wiener Zeitschrift 1910 veröffentlicht worden waren. So erzählte er, wie der Musiker Hans Richter bei einer „Walküren"-Probe einmal wütend geworden sei, weil bei Hundings Stelle „Ich weiß ein wildes Geschlecht" jedes Mal eine Fistelstimme gepiepst habe: „Ich auch." Der Übeltäter sei nicht zu eruieren gewesen, so fügt Kretschmann hinzu. „Ich weiß es aber, und Professor Simandl auch." Bei einer Orchesterprobe am 4. Juni hatte Richter einen Ton gehört, der nicht in der Partitur stand. Erst bei einer Generalpause sei der Missetäter entdeckt worden: Das Söhnchen von Prof. Simandl, das seine Kindertrompete bearbeitete.

Vor allem in seiner Wiener Zeit hätte Wagner von einem Angebot, wie es ihm später gemacht wurde, nur träumen können. Es lautete: „Mit dieser Karte können jetzt alle Familien und Einzelpersonen einen Barkredit bis DM 25.000 anfordern [...]. Für diesen Barkredit benötigen Sie keinen Bürgen. Das Geld wird zur freien Verfügung ausgezahlt und kann somit auch zur Erledigung bestehender Schulden verwendet werden." Gerichtet war dieses Angebot an „Herrn Wagner Richard, Wahnfried". Der Absender war eine Firma in Ratingen, die sich als „Deutschlands größtes Geldinstitut" empfahl. Das Angebot kam aber leider über hundert Jahre zu spät; der Brief war am 1. März 1975 auf meinem Schreibtisch gelandet. Um frei nach Siegfrieds Nachruf auf Fafner zu sprechen: „Zum Kunden taugt kein Toter."

So bedauerlich wie komisch war die Panne, die bei einer „Götterdämmerungs"-Premiere Wolfgang Wagners passierte. Es begann schon damit, dass dauernd die Ventilatoren klapperten, die man zuvor nie gehört hatte. Dann schwirrten wiederholt Fledermäuse herum; auch sie waren bis dato nie hier „aufgetreten". Am Ende schloss sich auch noch der Vorhang zu spät; man sah, wie die Säulen auf offener Bühne plötzlich gleich nassen Damenstrümpfen zusammenfielen und – hin- und herpendelnd – in die Höhe gezogen wurden.

Am Fußende von Wagners Grab im Garten von Wahnfried liegt sein Lieblingshund Ruß begraben. Eine amerikanische Bekannte fragte Winfred Wagner bei einem Besuch: „Ich wusste gar nicht, dass Wagner eingeäschert worden ist." „Er ist doch gar nicht eingeäschert worden." „Auf dem Grabstein steht aber doch: ‚Hier ruht Wagners Ruß'."

Wieland Wagners „Eule"

Unvergesslich, zumal für einen langjährigen Rezensenten wie mich, waren die Inszenierungen Wieland Wagners. Manche Bilder und Szenen sind mir für immer ins innere Auge und tiefer eingebrannt. Derartige optisch suggestive Wirkungen habe ich nie wieder erlebt. Er war ein Maler. Die Bühne war sein Atelier. Wie der damalige technische Direktor Paul Eberhardt mir erzählte, konnte Wieland beispielsweise mit ihm halbe Nächte lang die Bühnenbeleuchtung für eine Farbtönung des Sommernachtshimmels in den „Meistersingern" probieren, um die Nuance der Musik ins Bildhafte zu übersetzen.

Zu seinen genialsten Einfällen gehört die letzte Fafner-Szene seines „Rings" von 1965: Im Bühnendunkel nur zwei riesige, schwach auf- und abglimmende Augen, die einen zwar unsichtbaren, aber auf diese Weise doch unheimlich gegenwärtigen Drachen suggerierten.

Wielands malerisches, bildnerisches Genie wurde begleitet von seinem intellektuellen Spürsinn, der zuweilen tiefenpsychologische Dimensionen streifte. Seine Bilder wirkten oft deshalb so zwingend, weil man darauf vertrauen konnte, dass sie begründet waren, auch wenn Wieland in Pressekonferenzen nicht darüber sprach. Aber gerade das unerklärt Geheimnisvolle trug zu ihrer magischen Wirkung bei.

Bei seinem „Tristan" von 1962 ragte im zweiten Akt vor dem blauen Nachthimmel ein gewaltiger Monolith auf, der zunächst einen Turm von Markes Burg vorzustellen schien. Bei Brangänes Nachtgesang hellten sich oben im Turm zwei Öffnungen auf und verwandelten sich zu Augen einer Eule. Ich erinnerte mich damals gleich der tiefenpsychologischen Bedeutung dieser Verwandlung: Die Eule war der Vogel der Nacht, Wächterin der Liebenden und Künderin von Unheil.

Ich deutete dies in meiner Kritik vermutungsweise an. Leider vergaß ich später, Wieland bei einem Gespräch, zu dem er mich eingeladen hatte, darüber zu befragen. Nach seinem Tod, der mich sehr erschütterte, erkundigte ich mich danach bei Paul Eberhardt, der mir einige Male von der Zustimmung seines Chefs zu manchen meiner Rezensionen berichtet hatte. Aber er konnte sich nicht erinnern.

Wieland Wagners berühmte „Eule". Bühnenbild zu „Tristan und Isolde",
2. Aufzug, 1962.   Foto: Bayreuther Festspiele

Eines Tages kam Wielands Kollege und Mitarbeiter Peter Lehmann nach Wahnfried. Bei einem Rundgang standen wir an der Vitrine zur „Tristan"-Inszenierung. Vor der Aufnahme mit dem Turm fragte ich ihn, ob im Zusammenhang damit jemals das Wort „Eule" gefallen sei. „Wieso gefallen?" gab Lehmann zurück. „Wir haben nur von der Eule gesprochen."

Patrice Chéreaus und Bryan Larges „Ring"

Der Begriff Jahrhundert-„Ring" für Chéreaus Inszenierung von 1976 beruht auf einem Missverständnis. Ursprünglich wegen des 100-jährigen Festspieljubiläums so genannt, betrachteten ihn später viele Kritiker als „Ring des Jahrhunderts". Dieser Lorbeerkranz ist vergilbt. Gleich im ersten Jahr störten etliche Ungereimtheiten. Beispielsweise wurden die toten Helden als Abfall weggekarrt; Brünnhilde, die den schönen Heldentod besingt, wurde also zur Märchentante. Im zweiten Jahr war eine Tendenzwende spürbar. Manche Mätzchen fielen weg, die mickrige Matterhorn-Karikatur wurde durch eine beeindruckende Ruine ersetzt. Das Stauwehr, das aufdringliche Wahrzeichen der Inszenierung, musste – ob aus Prestige- oder Kostengründen – bleiben.

Das Beste an diesem „Ring" enthält die Verfilmung durch Bryan Large. McIntyre zum Beispiel: Bei Wotans Abschied auf der Bühne fehlte dem Sänger jegliche Ausstrahlung; im Film aber, wie er in sich hinein und ins Unendliche sieht, ist diese Szene unvergesslich. Gwyneth Jones, die Brünnhilde, auf der Bühne laut bis über die Schmerzgrenze – auf der Leinwand berührt sie in diesem Ausschnitt durch bezwingende Inständigkeit. Der Film bringt in solchen Details Chéreaus eigentliche Qualitäten ans Licht.

Er selbst rückte das Jahrhundert-Kompliment zurecht, als er 1989 in einem Interview mit André Müller einräumte: „Ein Drittel des ‚Rings' war bei der Premiere ganz schlecht. Der dritte Akt ‚Walküre': furchtbar. ‚Siegfried': entsetzlich! Das habe ich dann verbessert. Ein gewisses Ungenügen bleibt trotzdem." (In: André Müller, „Im Gespräch mit ...", Hamburg 1989, S. 155)

Der Segelflieger und sein Flügel

Bei einem Gespräch wies Winifred Wagner mich darauf hin, dass jedes Jahr ein Herr von der Firma Steinway gekommen sei, um den Wagner-Flügel anzusehen, und sie schlug vor, diese Gepflogenheit beizubehalten. Schon wenige Tage später kündigte der Direktor der Hamburger Niederlassung, Siegfried Maczejewski, seinen Besuch an. Als er ankam, erwähnte er beiläufig, dass er für eine Woche in Feuerstein bleibe. Als einem engagierten Segelflieger war mir der Name Feuerstein ein Begriff, und ich fragte ihn, ob er ebenfalls Segelflieger sei. Wenige Minuten später hatte ich sein Versprechen, dass seine Firma unseren Flügel nicht nur durchsehen, sondern ihn kostenlos abholen, gründlich restaurieren und zurückbringen würde. Was auch geschah und der Stiftung einige tausend Mark ersparte. Ich traf den sympathischen Sportsfreund in den folgenden Jahren noch oft. Auch in Feuerstein.

Viele Pianisten lobten den Klang des Flügels. Campanella und Gerhard Oppitz, die beide im Saal Aufnahmen machten, waren besonders angetan von seinem wunderschön weich gefärbten Diskant.

Einmal stand ein Professor des Pariser Konservatoriums am Flügel. Er wollte eigentlich nur die Titelseiten einiger Musikalien aus Wagners Wahnfried-Bibliothek abfotografieren, wobei sich zum Aufstellen der Notenständer des Wagnerflügels anbot. Beiläufig, im Stehen, klimperte der Franzose mit der rechten Hand einen Lauf, horchte, legte die Noten weg und begann, immer noch im Stehen, verzückt mit beiden Händen aus einer Beethoven-Sonate zu spielen und spielte auch weiter, während ich ihm stumm den Klavierstuhl unterschob. Es kamen immer mehr Museumsbesucher herein. Als der Pianist endete, gab es lauten Beifall. Aber der Professor stand auf, winkte ab, zeigte auf den Flügel, klatschte ihm zu und gab ihm einen Handkuss nach dem andern.

Jorge Bolet und sein junger blinder Fan

In einer Festspielzeit bekamen wir einen Dauerbesucher, einen jungen kleinen Franzosen. Jeden Vormittag saß er auf demselben Stuhl neben der Eingangstüre des Saales und hörte sich die Abspielungen des „Klingenden Museums" an, betrat jedoch keinen anderen Raum im Haus. Es stellte sich heraus, dass er blind war.

Zur selben Zeit besuchte uns der kubanische Pianist Jorge Bolet, der vor allem wegen seiner Einspielungen von Liszt, Chopin und Rachmaninoff berühmt war. Besonders in den angloamerikanischen Ländern. Er hatte der Stadt einen Klavierabend angeboten. Der Kulturreferent war jedoch nicht interessiert. Umso größer war unsere Freude über Bolets Besuch in Wahnfried und erst recht über seine Frage, ob er sich an den Wagner-Flügel setzen dürfe. Er spielte eine halbe Stunde lang Liszt, zur Begeisterung einer wachsenden Zahl von Besuchern.

Ich vergaß darüber ganz unseren blinden Gast. Als ich an ihm vorbei zur Tür ging, zupfte er mich am Ärmel: „Wer spielt denn da?" Als ich ihm sagte: „Jorge Bolet", hob es ihn förmlich vom Stuhl: „Dacht' ich's doch!" flüsterte er, und strahlend verriet er, dass Bolet sein Lieblingspianist sei.

Als Bolet vom Flügel aufstand, den Deckel schloss und ihn kurz und verstohlen streichelte, bat sein junger Bewunderer mich, ihn zum Künstler zu führen. Er sagte ihm nur einige Worte, dann beugte Bolet sich ein wenig herab, sein junger Fan umarmte ihn, und erst als der hochgewachsene Künstler sich erhob, löste sich der überglückliche kleine Verehrer von seinem Hals.

Im Siegfriedhaus

1980, nach dem Tod Winifred Wagners, zogen wir mit unserer Verwaltung in das bis dahin von ihr bewohnte Siegfriedhaus um.

Seine Geschichte ist eigentlich eine hundertjährige Fortsetzungsserie. Am Anfang stand hier ein kleiner Rechteckbau, ähnlich dem Gärtnerhaus gegenüber. 1879 wollte Wagner es in Form eines kleinen Landhauses umbauen lassen, als Wohnung für Siegfried Wagner und für seinen Erzieher Heinrich von Stein. Dieses Vorhaben wurde jedoch nicht ausgeführt. 1894 ersetzte Siegfried Wagner das kleine Nebengebäude durch einen zweigeschossigen, würfelförmigen Flachbau im italienischen Renaissancestil.

Nach Siegfrieds Tod ließ Winifred Wagner ihn 1932 durch einen Anbau erweitern und mittels eines Durchgangsraums mit dem Haus Wahnfried verbinden. Der Architekt Hans C. Reissinger hat dem Innern der Räume, vor allem dem Musiksaal, eine gefällige, damals zeitgemäße Atmosphäre gegeben. Während der Festspielzeit und bei sonstigen Besuchen hatten auch Toscanini und Hitler hier gewohnt. Hinweise dafür sind nirgends vorhanden. Kein Archivbesucher hat jemals danach gefragt.

Bei der Gründung der Richard-Wagner-Stiftung 1973 erwarb die Stadt Bayreuth zugleich mit dem Haus Wahnfried, den Nebengebäuden und dem Park auch das Siegfriedhaus. Winifred Wagner hatte dort weiterhin Wohnrecht.

Nach ihrem Tod erfolgte ein gründlicher Innenumbau – eine Maßnahme mit Kosten von 1,8 Millionen Mark. Das Flachdach wurde durch ein regensicheres Dach ersetzt, die Terrasse erneuert und abgedichtet. Das Innere wurde weitgehend umgestaltet für unsere Verwaltung, für Archive und die Bibliotheken. Mit Ausnahme derjenigen von Wagner, die in Wahnfried, und der Bibliothek von Chamberlain, die in dessen Haus verblieb.

Im Obergeschoss mussten allein vier Bäder ausgeräumt und etliche Zwischenwände beseitigt werden. So entstanden genügend Räume für alle meine Mitarbeiter. Außerdem stand nun nicht mehr nur ein einziges Studierzimmer zur Verfügung, sondern drei. Für Doktoranden, Diplomanden, Studenten und Wissenschaftler bedeutete dies, dass sie keine langen Wartezeiten mehr in Kauf nehmen mussten.

Im größten Raum des Obergeschosses errichteten wir ein umfangreiches neues Regal- und Schranksystem, in dem die Allgemeine Bücherei und das Zeitschriftenarchiv endlich zweckmäßig untergebracht werden konnten. Dieser Raum ist durch eine zusätzlich eingebaute Wendeltreppe mit der ehemaligen Küche im Erdgeschoss verbunden, wo nun die Bartsch-Bibliothek aufgestellt ist, und weiter mit dem Keller, in dem die großen Schubladenschränke mit großformatigen Blättern des Bildarchivs stehen.

Das ehemalige Speisezimmer Frau Wagners im Erdgeschoss diente jetzt als Konferenzraum. Das einstige Musikzimmer mit dem Kamin und das Gartenzimmer daneben wurden nun beide in den Museums- und Ausstellungsbereich einbezogen. Zusammen mit dem kleinen Verbindungsbau boten sie Platz für Wechselausstellungen. Das Kaminzimmer diente nun hauptsächlich als eine Art Multimedia-Raum,

Das Siegfriedhaus mit Erweiterungsbau 1932.

in dem Musik abgespielt, Dias, Filme und Videokassetten gezeigt werden konnten. Eine bewegliche Leinwand konnte man per Schalter herablassen. Die Firma Philips stiftete ein großes Fernsehgerät, dazu einen Laser-Disc-Player zum Abspielen von Bildplatten. Es waren hier also vielerlei Möglichkeiten gegeben, um den Museumsbesuch künftig noch instruktiver und attraktiver zu machen.

Die alten, feuchten und verrotteten Kellerräume wurden trockengelegt und zum Teil klimatisiert, sie wirkten nun sauber und freundlich. Es entstanden dort mehrere Abstellräume, um die Gipsbüstensammlung, die Kostüme oder älteres Archivmaterial aufzunehmen. Ein großes Bildmagazin mit Schiebewänden ermöglichte es, die Vielzahl gerahmter Bilder ordentlich, übersichtlich und schonend aufzubewahren.

Die Bibliotheken in und um Wahnfried

Auch Bibliotheken haben ihre Schicksale, Richard Wagners Bibliotheken zumal. Er hatte – nacheinander – deren zwei. Beide sind bemerkenswert und beide nach denkwürdigen Irrfahrten heute im Richard-Wagner-Museum vereint: Die „Dresdner Bibliothek" und die „Wahnfried-Bibliothek".

In ihr Umfeld gehören drei Sammlungen der Richard-Wagner-Gedenkstätte: Die „Bartsch-Bibliothek" und die „Allgemeine Bibliothek" (beide zusammen der heute wohl umfangreichste Komplex an Spezialliteratur über Wagner) sowie die „Chamberlain-Bibliothek".

Die „Dresdner Bibliothek"

Die kleinste, aber bedeutsamste dieser fünf Bibliotheken ist die „Dresdner Bibliothek". Wagner, damals Hofkapellmeister in Dresden, hat sie zwischen 1842 und 1849 zusammengestellt. Als er 1849 wegen seiner Beteiligung an der Revolution 1848/49 aus Dresden fliehen musste, überließ er sie dem Verleger Heinrich Brockhaus, seinem Schwager, als Pfand für ein Darlehen von 500 Talern, mit der Bitte, sie unverändert aufzubewahren, weil er sie später wieder auslösen wollte. Dazu ist es aber nie gekommen.

In Tribschen und Bayreuth baute Wagner sich eine neue auf, die „Wahnfried-Bibliothek". Die andere überließ er 1873 dem Schwager endgültig, als Ausgleich für das nie zurückgezahlte Darlehen. Dass dies alles in gutem Einvernehmen geschah, bezeugt die Tatsache, dass Brockhaus sich anbot, dem Schwager einzelne Bände zur Verfügung zu stellen, und dass er ihm neun besonders schmerzlich vermisste Exemplare vorzeitig zurückgab.

Merkwürdigerweise befasste sich lange Zeit niemand mit dieser Bibliothek. Als 1939 ihre Erschließung durch die neugegründete „Richard-Wagner-Forschungsstätte" erörtert wurde, machte der Kriegsausbruch dieses Vorhaben zunichte.

Bei den Bombenangriffen auf Leipzig am 4. Dezember 1943 wurden auch die Gebäude des Brockhaus-Verlags zerstört. Man musste annehmen, dass damit auch die „Dresdner Bibliothek" für immer verloren sei. Der englische Biograf Ernest Newman äußerte noch 1946, es sei tausendmal zu beklagen, dass sie nicht erhalten geblieben sei: „The mere titles of some of the books might have told us a good deal we should like to know about Wagner's reading and thinking." (Die bloßen Titel einiger Bücher hätten uns viel sagen können über das, was wir über Wagners Lesen und Denken gerne gewusst hätten.)

Die Überraschung

Auch der Wagner-Biograf Curt von Westernhagen empfand es als schmerzlich, dass ihm eine so wichtige Quelle fehlte. Mit nur geringer Hoffnung fragte er 1965, als er die Arbeit an seiner großen Wagner-Biographie begann, bei der neuen Niederlassung des Brockhaus-Verlags in Wiesbaden an, ob sich nicht wenigstens ein Verzeichnis der Bibliothek erhalten habe. Umso freudiger war er überrascht, als Dr. Hans Brockhaus ihm mitteilte, dass sich unter den wenigen Kostbarkeiten, die aus der Leipziger Katastrophe nach Wiesbaden hatten gerettet werden können, auch die „Dresdner Bibliothek" befinde. Sie hatte den Bombenangriff in einem tiefen Bunker überstanden.

Der Verleger hatte bereits selbst mit einer Katalogisierung begonnen (sie wurde später von seiner Frau Susanne Brockhaus zu Ende geführt) und an eine eigene Kommentierung und Herausgabe gedacht. Dass er diese Aufgabe nun Curt von Westernhagen übertrug, war ein glücklicher Entschluss. Denn nur einem Wagner-Kenner vom Format Westernhagens war es möglich, die Zusammenhänge zwischen dieser Bibliothek und Wagners Schaffen zu überblicken und die außerordentliche Bedeutung dieser Bibliothek zu erkennen sowie ins rechte Licht zu rücken.

1966 veröffentlichte er bei Brockhaus ein schmales, aber inhaltlich überaus aufschlußreiches Bändchen „Richard Wagners Dresdner Bibliothek 1842–1849. Neue Dokumente zur Geschichte seines Schaffens". Es enthält ein minuziöses Verzeichnis der Titel, deren jeweiligen Einfluss auf das Schaffen Wagners der Herausgeber beispielhaft informativ und anschaulich kommentiert.

Stoff für ein Lebenswerk

Westernhagen kam zu einem verblüffenden Ergebnis: Wagner verdankte die ersten Anregungen zu allen dichterisch und musikalisch ausgeführten Opern und Dramen vom „Tannhäuser" bis zum „Parsifal" seiner „Dresdner Bibliothek". Die einzigen bemerkenswerten Stoffgebiete, die nach seiner Flucht aus Dresden hinzukamen, waren Schopenhauer und die indische Literatur.

Das heißt, dass Wagner bereits in Dresden, im Alter zwischen 29 und 36 Jahren, die Keime für sein gesamtes späteres Lebenswerk gelegt hat. Diese Tatsache wäre derart eindeutig nie ans Licht gekommen, wenn die in Dresden erworbenen Titel sich mit den nach 1849 hinzugekommenen Büchern vermischt hätten. Der jahrelange Verlust, dann die durch jenes Jahr gesetzte Zäsur und schließlich die sorgsame Aufbewahrung des weitgehend erhaltenen Komplexes durch den Verleger haben sich insofern als Glücksfälle für die Forschung erwiesen.

Wagner hat sehr viel gelesen und war ein eifriger Benutzer der Dresdner Königlichen Bibliothek. Ihm sei – so Westernhagen – die „Produktivität des Lesens" in hohem Maße zu eigen gewesen. Wagner selbst hatte bekannt, „daß ich selten das lese, was vor mir steht, sondern das, was ich hineinlese".

So gesehen bezeichnet die „Dresdner Bibliothek" die Akzente seiner Lektüre. Sie umfasste ursprünglich – laut einer noch in Abschrift vorhandenen, allerdings ungenauen Liste Minna Wagners – rund 200 Titel mit etwa 500 Bänden. Wagner hat sie aufgrund zielstrebiger Studien ganz systematisch und mit großer Sachkenntnis zusammengestellt.

20 Titel mit rund 100 Bänden sind verloren gegangen, darunter eine Real-Enzyklopädie, Ausgaben von Aristoteles und Cervantes, Heine, Herder, Homer, Tasso, die Grimm'schen Märchen, Victor Hugo, die dreibändige Mozart-Biografie von Ulibischeff und die sechs Bände von Simrocks „Heldenbuch". Erhalten geblieben ist der wesentlichere Teil mit 169 Titeln und über 400 Bänden. Ihre jeweilige Bedeutung für das Schaffen Wagners hat Westernhagen kenntnisreich aufgeschlüsselt und farbig dargestellt. Sie lässt sich hier nur akzentweise streifen, wobei ich weitgehend seinem Kommentar folge.

Eine „vollständige Neugeburt"

Epochemachend für Wagners späteres Schaffen waren vor allem zwei Titel: Jacob Grimms „Deutsche Mythologie", deren Lektüre in ihm nach eigener Bekundung förmlich eine „vollständige Neugeburt" seiner inneren Seelenstimmung bewirkte, und Droysens Übersetzung der Dramen des Aischylos mit den „Didaskalien", bei deren Lektüre ihm 1847 zum ersten Mal das „berauschende Bild eines attischen Tragödientages" aufgegangen war – ein entscheidender Impuls für seine spätere Festspielidee und ein Erlebnis von „eindringlicher Gewalt", unter dessen Eindruck er als ein Verwandelter zur germanischen Mythologie zurückkehrte.

Verständlicherweise enthält die Bibliothek vor allem zahlreiche Spezialwerke sagengeschichtlichen Inhalts mit vielen Varianten der Mythen, die Wagner beschäftigten. Bei der Konzeption seiner „Ring"-Dichtung ist Wagner unmittelbar auf die altnordischen Überlieferungen zurückgegangen. Schon früh wurde die Vermutung geäußert, Wagner müsse diese Zeugnisse mithilfe von Übersetzungen auch in der Ursprache gelesen haben. Das verrate seine eigentümliche Verwendung mancher Worte. Dies wird durch die „Dresdner Bibliothek" bestätigt: Sie enthält beispielsweise Ettmüllers „Vaulu-Spá" (Völuspa = Der Seherin Rede). Dort sind dem Urtext die neuhochdeutsche Übersetzung und ein Wörterbuch als Anhang beigegeben. Die vor der Restaurierung feststellbaren Gebrauchsspuren ließen erkennen, dass Wagner in diesem Band häufig geblättert habe muss.

Vom Ernst seiner Studien zeugen sechs Bände der wissenschaftlichen „Zeitschrift für Deutsches Altertum". Und sein „Wagalaweia" wird manchem Leser dann nicht mehr ganz so belustigend vorkommen, wenn er es in Jacob Grimms „Mythologie" als „heilawâc" (heiliges Wasser) wiederfindet.

Bemerkenswert ist ein äußerlich unscheinbares Heft „Historische und literarische Abhandlungen der Königlichen deutschen Gesellschaft zu Königsberg". Wagners Freund Samuel Lehrs hatte ihn in Paris darauf hingewiesen. Es enthält jenen Aufsatz, in dem die Sage vom Tannhäuser mit dem Sängerkrieg auf der Wartburg in Zusammenhang gebracht wird – eine inzwischen wissenschaftlich widerlegte These, die aber der zündende Funke für Wagners Oper war.

Besonders vielfältig sind die in der Bibliothek enthaltenen Quellen und Deutungen der Lohengrin-Sage. In einer Ausgabe von Görres fand Wagner bereits die Deutung des Namens Parcival aus dem Arabischen als Fal Parsi: der Reine Tumbe (Tor) – auch dies eine inzwischen überholte These, auch sie aber ein fruchtbares Missverständnis.

In die Nähe der Werke zum Lohengrin-Epos sind die rechtsgeschichtlichen Bücher zu stellen. Mit gutem Grund konnte Wagner später im Hinblick darauf äußern, er glaube, mit seinem „Lohengrin" ein getreues Bild des deutschen Mittelalters gegeben zu haben.

Zur Überraschung der Wagner-Experten fand sich in der „Dresdner Bibliothek" auch schon eine umfangreiche „Tristan"-Literatur. Neben dem Gedicht Gottfried von Straßburgs besaß Wagner die älteren französischen, englischen, wallonischen und spanischen Fassungen. Ein mittelhochdeutsches Wörterbuch mit über 700 Seiten trug dazu bei, der Dichtung durch Wortwahl, Beugung und Satzbau ihr leicht archaisierendes Kolorit zu verleihen. Die vormalige Vermutung Melchingers, dass die Dichtung mehr als durch Schopenhauer durch Calderon beeinflusst worden sei, fand in dieser Bibliothek ihre Bestätigung: sie enthält eine achtbändige Calderon-Ausgabe.

In der Welt der „Meistersinger"

Auch in der Welt der „Meistersinger" war Wagner schon damals heimisch. Er hatte die Literaturgeschichte von Gervinus, die Werke von Hans Sachs und Jacob Grimms Studie „Über den altdeutschen Meistergesang" zur Hand; außerdem den Roman von Friedrich Furchau, in dem erzählt wird, wie Hans Sachs an einem Sonntagmorgen in seiner Werkstatt über einem Lied zu Ehren Luthers sinniert. Eine poetische Situation, die das Vorspiel zum dritten Aufzug der „Meistersinger" in Tönen nacherzählt und die wohl auch den „Wach-auf-Chor" inspirierte.

Bis hin zum „Parsifal" reichen die Anregungen, die Wagner aus den Quellen seiner Bibliothek schöpfte: Wolframs „Parzival" ist in den Ausgaben Lachmanns und San Martes vorhanden.

Hier treten auch die Anreize zu Entwürfen und Plänen wie „Wieland der Schmied", „Achilleus" und „Jesus von Nazareth" zutage: in

Simrocks „Heldenbuch", in Droysens Aischylos-Ausgabe und im Neuen Testament – übrigens der einzige Band, in dem sich häufigere Anstreichungen finden, die Wagner sonst – zum Bedauern Westernhagens – bis auf seltene Ausnahmen vermieden hat.

Wagners intensive und anhaltende Vorliebe für die Griechen bezeugen weitere, in dieser Bibliothek vertretene Namen: Euripides (Grundlage für seine Bearbeitung von Glucks „Iphigenie in Aulis"), Sophokles und der von Wagner bewunderte Aristophanes, selbstverständlich Homer und Platon (Einblick in die „wunderbare Schönheit des griechischen Lebens"), Demosthenes, Xenophon, Plutarch (Anregung zum Plan eines „Alexander"-Dramas) und Thucydides.

Man weiß, welches Befremden „Die Geburt der Tragödie" beim Erscheinen 1872 erregt hat, vor allem wegen Nietzsches eigenwilliger Deutung des apollinischen und dionysischen Elements bei der Entstehung der attischen Tragödie. Seine Philologen-Kollegen wären weniger verwundert gewesen, wenn sie ein Werk gekannt hätten, in dem solche Gedanken bereits vorweggenommen worden waren. Wagner kannte es. Das Buch stand in seiner Bibliothek: Karl Otfried Müllers dreibändige „Geschichte der hellenischen Stämme und Städte". Die Lektüre spiegelt sich nicht nur in Wagners Schriften „Die Kunst und die Revolution" und „Das Kunstwerk der Zukunft". Dem Hinweis Wagners folgend, entlieh der junge Nietzsche 1869 das Werk aus der Baseler Bibliothek und nutzte es zu entscheidenden Anregungen.

Der Goethe-Bewunderer Wagner besaß auch eine 40-bändige Gesamtausgabe, und unter den übrigen Autoren waren Byron und Boccaccio, Cäsar und Chaucer ebenso vertreten wie Dante (mit drei verschiedenen Ausgaben der „Göttlichen Komödie") und Devrient (seine dreibändige „Geschichte der Schauspielkunst" wurde von Wagner mit beifälligen Bleistiftanstrichen versehen); man findet Hartmann von der Aue neben Hegel und Herder, Wilhelm Heinse und Horaz; ein Werk über das deutsche Kirchenlied neben einer dreibändigen Kleist-Ausgabe, Lessing (auf den er sich in „Oper und Drama" bezieht) und Livius; dazu Ranke, Rousseau und Raumer, dessen „Geschichte der Hohenstaufen" ihm den Reichtum des Mittelalters erschloss und zu Entwürfen einer Oper „Die Sarazenin" sowie eines Sprechdramas „Friedrich I. (Rotbart)" bewog; Schiller steht neben Shakespeare (Wagner: „mein einziger Geistesfreund und -verwandter"), Tacitus neben Tasso und eine Volksliedersammlung neben Vergil; nicht zu vergessen die Gedichte Walthers von der Vogelweide im Urtext und in zwei verschiedenen Übersetzungen.

Geschenk für die Stiftung

Ein Name allerdings, den manche zu finden gehofft, andere zu finden befürchtet hatten, fehlt: Karl Marx. Entgegen manchen vormaligen Spekulationen kommt er weder unter den vorhandenen Bänden noch auf der Liste vor, die Minna Wagner hinterlassen hat. Ebenso fehlen Hinweise auf andere tagespolitische Schriftsteller. Was nicht ausschließt, dass Wagner schon in Dresden durch gemeinsame Freunde mit Marx'schen Ideen bekanntgeworden ist.

So unscheinbar sich diese Bibliothek ausnehmen würde, wenn man nichts über Herkunft und Hintergründe wüsste – als Bibliothek Wagners, als Quelle von Anregungen für sein Lebenswerk, gewinnt sie außergewöhnliche Bedeutung.

Zu den genannten Glücksfällen kam ein weiterer hinzu: das Verständnis, das Verantwortungsgefühl und die Großzügigkeit der Verlegerswitwe Susanne Brockhaus, die sich 1974 entschloss, sich von diesem kostbaren Besitz zu trennen und die Bücher, sorgfältig restauriert, der damals neugegründeten Richard-Wagner-Stiftung als Geschenk zu übergeben.

Seit 1976 war die „Dresdner Bibliothek" in einer großen Vitrine des Richard-Wagner-Museums im östlichen Zwischengeschoss Wahnfrieds zu sehen, wobei Legenden zu einzelnen Titeln auf die Bezüge zu jeweiligen Werken und Schriften Wagners hinwiesen.

Die „Wahnfried-Bibliothek"

Richard Wagners zweite Büchersammlung, die „Wahnfried-Bibliothek" mit ihren rund 2500 Bänden, zeigt sich heute fast ebenso wie vor einhundert Jahren. Sie füllt die Oberteile großer Schränke, die drei Seiten im „Saal", dem einstigen Wohnzimmer, einnehmen. Dass ihr 1945 die Gefahr drohte, als Kriegsbeute zu verschwinden, und die abenteuerliche Aktion ihrer Rückführung sieht man ihr nicht an.

Dem Besucher fallen zunächst die Reihen der schönen, nach charakteristischen Mustern goldgeprägten Lederrücken auf. Der Hausherr hat selbst in finanziell kritischen Zeiten keine Kosten gescheut, alle Bücher von dem Bayreuther Buchbindermeister Christian Senfft nach eigenen präzisen Angaben in Leder binden zu lassen.

Wenn man die Titel überfliegt, bekommt man einen Eindruck vom weiten Interessenhorizont und hohen Bildungsniveau wie von der forschenden Gründlichkeit des Sammlers. Etliche Autoren der älteren Bibliothek finden sich auch hier wieder. In Bezug auf seine künstlerischen Pläne sind im Wesentlichen – wie erwähnt – zwei neu hinzugekommene Gebiete wichtig: Schopenhauer und die religiöse Dichtung der Inder – Anregungen für das nicht ausgeführte Projekt „Die Sieger".

Neue Stoffgebiete sind auch die Schriften über die Vivisektion, als deren Gegner Wagner sich engagierte; ebenso antisemitische und rassentheoretische Veröffentlichungen, die sich hier jedoch spärlicher finden, als manche judenfeindliche Äußerungen erwarten ließen. Die vorhandenen Schriften von Adolf Stöcker sind eher irreführend, denn von den Auswirkungen des dort geprägten politischen Antisemitismus hat Wagner sich ausdrücklich distanziert.

Bedeutsam für Wagners Veröffentlichungen, besonders für die „Regenerationsschriften, waren die zahlreich versammelten Werke religionsgeschichtlichen," theologischen, philosophischen und anthropologischen Inhalts. Wie reich verzweigt Wagners philosophische Lektüre war, über die obligaten griechischen und mitteleuropäischen Protagonisten hinaus, zeigt ein Blick auf die Titel von Spinoza, Hobbes oder Locke, von Giordano Bruno und Pascal, von den Mystikern wie Jakob Böhme oder auf Werke über die amerikanischen Spiritualisten. Bücher von Nietzsche hier zu entdecken, mag überraschen. Zwar fehlen „Menschliches, Allzumenschliches" und alle späteren Schriften, obwohl Wagner zumindest einige von ihnen besessen und gelesen hat. Vermutlich sind sie zusammen mit fast allen an ihn gerichteten Briefen Nietzsches dem Autodafé Cosimas zum Opfer gefallen. Dass man sich trotz der Abkehr und der Aggressionen Nietzsches die Erinnerungen an den Freund der Tribschener Jahre nicht verleiden ließ, bezeugt der Umstand, dass alle vor der Entfremdung entstandenen Schriften des Jüngeren ihren Platz in der Bibliothek behalten haben.

Was Wagner an Literatur auf dem Gebiet der nordischen und außereuropäischen Sagen nach 1849 erworben hat, ersetzt nicht immer, ergänzt aber die entsprechenden Titel in der „Dresdner Bibliothek": Vor allem San Marte, Simrock, Ettmüller und der Brüder Grimm sind mit etlichen Veröffentlichungen gegenwärtig.

Einen Eindruck von der Intensität, mit der Wagner die Lektüre der Quellen und Sekundärliteratur betrieb, vermitteln die zahlreichen sprachwissenschaftlichen Werke, unter denen beispielsweise Schmitthenners Ursprachlehre oder Brandstätters „Gallicismen in der deutschen Schriftsprache" zu finden sind, außerdem Grammatiken und Wörterbücher mehrerer alter und neuer Sprachen, auch der altfriesischen und keltischen.

Vielfältig sind die Darstellungen zur Geschichte und Rechtsgeschichte. Standardwerke von Mommsen, Ranke, Arndt oder Droysen sind flankiert von Reihen detaillierter Untersuchungen. Auch Völkerkunde, Geografie und Naturwissenschaften stehen nicht im Abseits.

Zur bildenden Kunst hatte Wagner ein laienhaftes Verhältnis. Umso mehr überrascht es, eine nicht geringe Zahl von kunsthistorischen und archäologischen Werken vorzufinden; es fehlen weder Vasari noch Sandrart, weder Vitruv noch Palladio.

Einen nicht nur quantitativen Schwerpunkt bildet die epische, dramatische und lyrische Weltliteratur. Aufschlussreicher als eine Aufzählung der prominentesten Namen sind apartere Beispiele: etwa der Beowulf im Urtext, der Heliand und Ulfila, Brants „Narrenschiff" und die in drei weißledernen Bänden versammelten „Minnesinger" sowie Hans Sachs, Hölderlin, Klopstock, Jean Paul und von Platen. Bezeichnender als die fast selbstverständliche Präsenz Voltaires, der französischen Moralisten und Dramatiker, Balzacs, Rousseaus und Baudelaires ist Wagners Interesse für Autoren wie Jacolliot. Weitere erwähnenswerte Namen sind: aus England Scott, Sterne und Swift, Milton, Ossian und Shelley; aus Spanien Calderon, Cervantes und Lope de Vega; unter den Italienern auch Gozzi, Tasso, Ariost, Macchiavelli und sizilianische Märchen; dazu ungarische und persische Dichter.

Die Griechen sind so zahlreich vertreten wie in der „Dresdner Bibliothek", ebenso alles, was unter den antiken römischen Autoren

Rang und Namen hat: Cäsar in einer Straßburger Ausgabe von Cuspinianus aus dem Jahr 1541 mit einer Vorrede von Melanchthon. Ungewöhnlich für die Bibliothek eines Komponisten, zumal für eine derart umfangreiche, ist die vergleichsweise sehr kleine Zahl an musikhistorischen und -theoretischen Schriften. Ansehnlicher ist der Bestand an Noten. Dass sämtliche Werke Beethovens, seines Idols, versammelt sind, ist zu erwarten. Der gegen Wagner erhobene Vorwurf der Monomanie wird gedämpft, wenn man hier Berlioz neben Bruckner, Cherubini und Cimarosa neben Chopin entdeckt, Glinka („Ein Leben für den Zaren") neben Gluck, Scarlatti und Spontini, Rossaro neben Rossini, dazwischen Motetten von Palestrina – und natürlich auch Mozart (Wagner: „Ich bin der letzte Mozartianer"). Außerdem elf Bände von Johann Sebastian Bach, diesem – so Wagner – „wunderbarsten Rätsel aller Zeiten"; das „Wohltemperierte Klavier" stand öfter auf dem Flügel Wagners als jeder andere Notenband.

Werke jüdischer Komponisten

Das Image des Antisemiten Wagner bekommt einige Sprünge, wenn man hier Mendelssohns „Paulus" und seine Ouvertüren entdeckt (die „Hebriden" hielt Wagner für „eines der schönsten Musikwerke, die wir besitzen") – flankiert von den Partituren zweier anderer jüdischer Komponisten: Méhuls „Joseph" und Halévys „Jüdin", deren Schönheit der Hausherr laut Cosimas Tagebuch lobte und liebte. Brahms allerdings fehlt. Und unter den Schriften sucht man auch Hanslick vergebens.

Zu den Raritäten zählen Veröffentlichungen von Adolf Wagner, dem Onkel und Mentor des jungen Schülers, und von seinem Stiefvater Ludwig Geyer. Nur wer Wagners Humor und Fähigkeit zur Selbstironie nicht kennt, wird sich wundern, unter den Kuriositäten auch Moszkowskis Persiflage „Schultze und Müller im Ring des Nibelungen" zu finden – oder Tapperts „Wörterbuch der Unhöflichkeit" mit Zitaten aggressiver Wagner-Kritiker. Aufbewahrt hat der Hausherr auch salonmusikalische Bearbeitungen Wagner'scher Piecen aus der Feder von Thomas Manns Schwiegervater, Professor Dr. Alfred Pringsheim (dem schon erwähnten „Schoppenhauer").

Aus den Tagebüchern Cosimas geht hervor, wie viel Zeit und Konzentration Wagner trotz anderer immenser Anspannungen der Lektüre gewidmet hat. Kaum ein Abend, an dem in Wahnfried nicht gelesen wurde. Wenn der Hausherr in Italien Sehnsucht nach Wahnfried hatte, dann am meisten nach seiner Bibliothek.

Wie vertraut er mit seinen Büchern umging, hat Gäste immer wieder erstaunt. Oft, so erzählt Reinhart von Seydlitz, sei Wagner während eines Gesprächs aufgesprungen, zu einem Schrank gegangen und habe mit einem sicheren Griff sofort das gesuchte Buch zur Hand gehabt, um ebenso rasch die Stelle mit dem gewünschten Zitat aufzuschlagen.

„Allgemeine Bibliothek" und „Bartsch-Bibliothek"

Statistiker haben nachgerechnet, dass über keinen anderen Künstler so viel geschrieben worden sei wie über Wagner. Etwas von dieser Überfülle spiegelt sich in der unmittelbar oder mittelbar auf Wagner bezogenen Sekundärliteratur der „Allgemeinen Bibliothek" und der „Bartsch-Bibliothek". Beide zusammen bilden mit ihren insgesamt rund 12.500 Bänden die eigentliche Arbeitsbibliothek der Richard-Wagner-Gedenkstätte und des Nationalarchivs. Wie diese beiden Einrichtungen stehen alle fünf Bibliotheken im Umfeld von Wahnfried unter einer gemeinsamen Leitung.

Die „Bartsch-Bibliothek" ist nach dem deutsch-dänischen Kaufmann Robert Bartsch benannt. Als er sie 1925 der neugegründeten Richard-Wagner-Gedenkstätte stiftete, galt sie mit ihren 5.600 Bänden als die umfangreichste Wagner-Spezialbibliothek überhaupt. Neben größeren Beständen an englischen, französischen und italienischen Titeln finden sich auch russische, georgische, arabische, japanische und chinesische Veröffentlichungen; insgesamt sind 28 Sprachen vertreten.

Die „Bartsch-Bibliothek" ist im Wesentlichen als geschlossener Komplex erhalten geblieben. Bei etlichen Titeln handelt es sich um wissenschaftlich belanglose Publikationen, aufschlussreich allenfalls für die Geschichte der Wagner-Rezeption.

Gleichsam ihre Ergänzung und Fortsetzung ist die „Allgemeine Bibliothek". Sie enthält zugleich Bestände aus den aufgelösten Bibliotheken Carl Fr. Glasenapps und Hans von Wolzogens, vor allem aber spätere Veröffentlichungen. Sie wird durch Neuerscheinungen laufend ergänzt. Bei meinem Ausscheiden umfasste sie rund 8.200 Bände, dazu 400 Notenbände und Schränke mit 33 Regalmetern Broschüren, Zeitschriften und Ausschnitten.

Ein Leihverkehr ist nicht möglich, weil die jährlich etwa 50 bis 60 Archivgäste, vorwiegend Doktoranden und Wissenschaftler, ebenso auf die Präsenz der Titel angewiesen sind, wie – wegen häufiger mündlicher oder schriftlicher Anfragen – die eigenen Mitarbeiter. Die „Allgemeine Bibliothek" und die „Bartsch-Bibliothek" sind durch einen Autoren-, einen Titel- und einen Stichwortkatalog erschlossen. Besonders der letztere, mit seinen vielfältigen Querverweisungen, hat sich als hilfreich erwiesen.

Chamberlains „Buchgaden"

So unterschiedliche Zeitgenossen wie Winston Churchill, Albert Schweitzer, Martin Buber, Guido Adler, Adolphe Appia, Stephan Mallarmé, Gerhart Hauptmann, Rudolf Pannwitz, Richard Schaukal, Leopold von Schröder, Karl May und Graf Zeppelin haben mit ihm korrespondiert und ihn geschätzt – auch Karl Kraus, Edouard Dujardin und Maximilian Harden. Andererseits wurde er vom NS-Ideologen Alfred Rosenberg als der wichtigste geistige Wegbereiter des Nationalsozialismus gerühmt: Houston Stewart Chamberlain (1855–1927), der abtrünnige Engländer und engagierte Wahldeutsche, der in der deutschen Kultur die einzige Gewähr für die Zukunft Europas, ja der Weltzivilisation sehen wollte.

Zu einer differenzierteren Beurteilung könnte die Betrachtung der von ihm hinterlassenen „Chamberlain-Bibliothek" beitragen, der mit ihren rund 12.500 Nummern umfangreichsten im Bereich von Wahnfried.

Chamberlain gehört auch geistig in dieses Umfeld. Schon früh hat er sich – angeregt durch zwei jüdische Wagnerianer – für die Kunst des Bayreuther Meisters begeistert. In ihm sah er den Höhepunkt der deutschen Kultur, die Verkörperung des geistigen Deutschland, den Führer in eine bessere Zukunft. Sein Enthusiasmus artete allerdings nie in blinde Schwärmerei aus, wie seine Aufsätze in der von ihm mitbegründeten „Revue Wagnérienne" zeigen. Mit der von ihm bewunderten und von ihm beeindruckten Cosima Wagner verband ihn eine lebenslange Freundschaft, er galt als einer der bestrenommierten Bayreuthianer – erst recht, als er 1908 die Ehe mit der Wagnertochter Eva einging und sich in Bayreuth niederließ. Chamberlain hatte entscheidenden Anteil an der Ausbreitung eines tiefen Verständnisses für Wagners Kunst und Ideen, aber auch am Versuch, das Festspielhaus als Kultstätte deutschen Geistes und als Mekka völkischer Kreise zu etablieren. Indem er Gedanken Wagners aufgriff und sie für seine eigene „Bayreuther Idee" aufbereitete („Ich bin kein Wagnerianer, ich bin Bayreuthianer"), spielte er ihn dem Nationalsozialismus in die Hände.

Verhängnisvoller Brief an Hitler

Unter dem Eindruck eines Besuchs, den Hitler ihm 1923 machte, schwärmte Chamberlain den Agitator in einem Brief als „Erwecker der Seelen aus Schlaf und Schlendrian" an, als das Gegenteil eines Fanatikers und eines Gewaltmenschen. Gerade diese naive und paradoxe Fehleinschätzung und sein dadurch bekundetes Wunschdenken bezeugen jedoch, dass man Chamberlain nicht unbesehen mit dem Nationalsozialismus identifizieren kann. Er respektierte den jüdischen Rassestolz; sein Buch „Die Grundlagen des 19. Jahrhunderts" widmete er seinem jüdischen Lehrer, dem Pflanzenphysiologen Julius Wiesner, dem er eine dauernde Verehrung bewahrte. Chamberlains erste Frau war jüdischer Herkunft, und er hatte eine Reihe jüdischer Freunde und Bewunderer. Nach dem Judenpogrom 1938 äußerte seine Witwe Eva Chamberlain, dass ihr Mann damit nicht einverstanden gewesen wäre.

Idealismus und eine humanitäre Grundhaltung kann man ihm nicht absprechen. Seine Bücher über Kant (1905), in dem er den eigentlichen Meister seines Denkens sah, über Goethe (1912), dessen „tägliche Gegenwart" für ihn Lebensluft war, und – mit Vorbehalten

– über Wagner (1896) markieren das geistige Niveau, dessen er fähig war. Die weiteste Wirkung hatte allerdings sein Buch „Die Grundlagen des 19. Jahrhunderts" (1899), das in 30 Auflagen – auch fremdsprachigen – erschien: eine effektvolle Mischung aus triftigen, anregenden Einsichten und saloppen pseudowissenschaftlichen Argumentationen.

Chamberlains „Buchgaden", wie er seine Bibliothek nannte, war ursprünglich im Obergeschoss seines Wohn- und Sterbehauses nahe Wahnfried untergebracht, wo er sich 1908 nach seiner Heirat mit Eva Wagner niedergelassen hatte. Er vermachte seine Bibliothek testamentarisch der Stadt Bayreuth. Sie sollte in einer künftigen Stadtbücherei einer kostenlosen Benutzung zur Verfügung stehen. Mittels einer Testamentsänderung übergab die Witwe sie der Richard-Wagner-Gedenkstätte der Stadt und schränkte den Gebrauch auf wissenschaftlich interessierte Benutzer in den Räumen der Gedenkstätte ein.

Nach ihrem Tod 1942 wurden die Bestände aus Sicherheitsgründen ins Schloss Thurnau verbracht, 1946, nach Kriegsende, ins Chamberlain-Haus zurückgeführt. Als dieses wenig später an einen Arzt vermietet wurde, wanderten die Bücherkisten in Nebenräume der Richard-Wagner-Gedenkstätte im Neuen Schloß, die Regale in einen Schulkeller.

Rettung aus einem chaotischen Zustand

Bei einem Besuch erkundigte sich dort 1950 ein Chamberlain-Verehrer, der frühere Direktor des Nervensanatoriums Erlangen, Dr. Wilhelm Einsle, nach dem Verbleib der Bibliothek. Er fand sie in einem chaotischen Zustand vor und erbot sich, sie zu ordnen und zu katalogisieren. Dazu siedelte er nach Bayreuth über. Zufällig traf er hier eine frühere Mitarbeiterin wieder, die pensionierte Oberschwester Margarete Trautner, die bereit war, ihm zu helfen. Zusammen mit ihr brachte er in sechsjähriger geduldvoller und sorgfältiger ehrenamtlicher Arbeit eine sachgemäße Katalogisierung und Aufstellung zuwege, ergänzte die noch zu Lebzeiten Chamberlains von einem Bibliothekar begonnenen Autoren-, Titel- und Sachgebietskataloge und fertigte einen maschinengeschriebenen Autorenkatalog an, einen Band mit 276 Seiten.

Mehrere Jahre lang befand sich die Bibliothek in zwar engen, aber begehbaren Zimmern des Neuen Schlosses, die zuletzt aus Platzgründen teilweise der Landesgewerbeanstalt als Büroräume zur Verfügung gestellt werden mussten, wo einzelne Bestände in offenen Regalen verblieben. Immerhin war schon damit mehreren englischen und amerikanischen Chamberlain-Forschern die Benutzung der Bibliothek und des dazugehörigen Archivs mit der Briefsammlung möglich.

Als 1976 das Richard-Wagner-Museum im wiederaufgebauten Haus Wahnfried eingerichtet wurde und die Verwaltung der Richard-Wagner-Gedenkstätte in das Chamberlain-Haus umzog, kehrte auch die Bibliothek, wie erwähnt, dorthin zurück. Im dafür instand gesetzten Dachgeschoss fand sie – zum größten Teil mithilfe der ursprünglichen Regale – eine übersichtliche, systematische und ansprechende Aufstellung.

Die Bibliothek umfasste zu Lebzeiten Chamberlains gut 10.000 Bände. Als die Bibliotheken des Wagnerforschers C. F. Glasenapp und des „Bayreuther-Blätter"-Redakteurs Hans von Wolzogen aufgelöst wurden, kamen rund 2.500 Titel hinzu, die sich nicht unmittelbar oder mittelbar auf Wagner bezogen.

Chamberlains Bibliothek spiegelt die Vielfalt seiner Interessen. Seinen naturwissenschaftlichen Neigungen entsprechend – er hatte zunächst vorwiegend Botanik studiert –, nehmen die Bücher über diese Fachgebiete einen großen Raum ein, daneben auch Werke über Chemie, Physik, Mineralogie, Meteorologie und Medizin bis hin zur Astronomie (auf dem Dach seines Hauses hatte er, wie erwähnt, ein Observatorium eingerichtet).

Obskure Schriften und das „Eiserne Kreuz"

Der Bestand an Judaica und rassentheoretischen Schriften mit zusammen rund 140 Titeln enthält auch recht obskure Tendenz-Veröffentlichungen, die das allgemeine Niveau der Bibliothek eher diffamieren als charakterisieren. Dies gilt ebenso für politische Bücher und Broschüren, die der Verfasser der peinlich chauvinistischen, gegen sein Geburtsland gerichteten „Kriegsaufsätze" (die von seinem Bewunderer Kaiser Wilhelm II. mit dem Eisernen Kreuz 1. Klasse honoriert wurden) damals und später gesammelt hat.

Entschieden respektabler ist der umfangreiche Bestand an philosophischer und theologischer Literatur, darunter 179 Titel von und über Luther, inbegriffen die Weimarer Kritische Gesamtausgabe. Jesus war eine Zentralgestalt im Denken Chamberlains, und dessen groteske These vom zwar nicht blutsmäßigen, aber geistigen „Arier" und „Germanen" Jesus darf nicht darüber hinwegtäuschen, dass sein Buch „Mensch und Gott" von einem ernst zu nehmenden Bemühen um die Substanz des Christentums geprägt ist.

Neben Werken historischen und geografischen, sozialwissenschaftlichen und nationalökonomischen Inhalts, neben kunst- und literarhistorischen Titeln ist die beeindruckende und großzügige Sammlung schöngeistiger Werke der Weltliteratur hervorzuheben. Es überrascht nicht, dass die Bibliothek des mit drei Sprachen vertrauten Besitzers beinahe zur Hälfte aus fremdsprachigen Titeln besteht.

Zu den Akzenten der Bibliothek zählt die Literatur über das erklärte „Dreigestirn" Chamberlains: Goethe, Wagner und Kant. Allein die Ausgaben von Goethe – ohne die Sekundärliteratur – nehmen fünf Seiten des Katalogs ein und zählen rund 600 Nummern. Bemerkenswert sind die 55-bändige Stuttgarter Ausgabe letzter Hand von 1827/33 und die große Weimarer Gesamtausgabe mit 142 Bänden. Von Kants Schriften – um nur ein Beispiel zu nennen – ist allein „Die Kritik der reinen Vernunft" mit acht verschiedenen Ausgaben vertreten, darunter mit der Erstausgabe von 1781.

Unter den rund 300 im Katalog verzeichneten Büchern und Aufsätzen von und über Wagner befinden sich viele eigene Veröffentlichungen Chamberlains. Die Aufzählung seiner sämtlichen Bücher und Beiträge einschließlich der fremdsprachigen Ausgaben und der Wiederauflagen umfasst fünf Katalogseiten mit über 400 Nummern.

Beträchtlich ist auch die Zahl der Nachschlagewerke aller Art. Unter den 212 Titeln sieht man beispielsweise Bayles „Dictionnaire historique et critique" von 1820 mit 16 Bänden, 27 Bände des Grimm'schen „Deutschen Wörterbuches" und die 35 Folianten der ab 1751 erschienenen vollständigen Enzyklopädie von Diderot und d'Alembert.

Andere bibliophile Kostbarkeiten sind ausgesondert und in einem Glasschrank verwahrt: darunter Erstausgaben und Frühdrucke aus dem 16. und 17. Jahrhundert, eine Jean-Paul-Erstausgabe, ein handaquarelliertes Exemplar der Goethe'schen Farbenlehre und die Werke Friedrichs des Großen.

Ausführlicher, als es in diesem Abriss möglich ist, hat Chamberlain sich selbst über seine Bücher und bevorzugten Autoren geäußert: In „Lebenswege meines Denkens" (1922) ist ein 246 Seiten umfassendes Kapitel allein seiner Bibliothek gewidmet.

Die zurückgeschaffte Kriegsbeute

Die Geschichte der Wahnfried-Bibliothek hat noch eine abenteuerliche Fortsetzung: Zu Beginn des letzten Kriegsjahres 1945 ließen Winifred und Wolfgang Wagner sie in Kisten verpacken und nach Schloss Wiesentfels in der Fränkischen Schweiz in Sicherheit bringen – zum Glück: Im April wurde das Haus Wahnfried von einer Bombe getroffen, der „Saal" fast völlig zerstört.

Die Bücherkisten wurden in Wiesentfels von der amerikanischen Besatzungsmacht beschlagnahmt und mit unbekanntem Ziel abtransportiert. Man konnte also mit dem Verlust der Bibliothek rechnen. Ende 1945 erhielt Frau Wagner einen Anruf von einem Mann, der seinen Namen nicht nennen wollte, weil er sonst Schwierigkeiten mit der Besatzungsmacht zu befürchten habe: Im Keller des Schlosses Unterleinleiter befänden sich Kisten, die möglicherweise Wagners Bibliothek enthielten. Man müsse damit rechnen, dass sie im Zuge der Reparationsleistungen in die USA gebracht würde.

Wer weiß, ob die Wahnfried-Bibliothek nicht, wie viele andere Kostbarkeiten, als Kriegsbeute verschwunden und erst später im Nachlass eines Kriegsveteranen oder in den Regalen eines Instituts wieder aufgetaucht und vielleicht in Einzelbänden zum teuren Rückkauf angeboten worden wäre, wenn dieser Anruf nicht erfolgt wäre und Winifred Wagner nicht sofort reagiert hätte.

Ihrem Sohn Wieland berichtete sie in einem Brief aus dem Gärtnerhaus, in das sie umquartiert worden war, nicht ohne Galgenhumor über das abenteuerliche Unternehmen, mit dem sie die Beute am 29. Januar 1946 zurückholte.

Durch die Fahrbereitschaft war ein Spediteur bevollmächtigt worden, ihr einen 5-Tonner Holzgas-Lastwagen zur Verfügung zu stellen, dem er noch einen Möbelwagen mit Sitzkabine für die Transportarbeiter anhängte, um sie nicht in der Kälte sitzen zu lassen. Um 6.30 Uhr stapfte die Mannschaft zu Fuß zum Parkplatz in der Kulmbacher Straße, um 7.30 Uhr schaukelten sie mit dem insgesamt 15 Meter langen Gefährt los. Sie kamen dann in ein Schneegestöber, blieben zwischen Waischenfeld und Behringersmühle hoffnungslos in einem Engpass hängen, weil die Straße völlig vereist war. Erst nach 50 Minuten war sie so gestreut, dass die schweren Wagen wieder bewegt werden und die kleine Anhöhe bewältigen konnten.

In Gasseldorf ließen sie den Anhänger zurück, und während die Männer sich ins Wirtshaus setzten, „gondelte" Frau Wagner zur Militärregierung in Ebermannstadt. Nach Überwindung verschiedener Schwierigkeiten wurde sie zum Gouverneur durchgeschleust. Der würdigte sie keines Blickes, nur die Sekretärin bot ihr einen Stuhl an. Er selbst las, ohne aufzusehen, Frau Wagners Beglaubigung. Niemand wusste über die Bücher Bescheid. Schließlich wurde Frau Wagner an eine andere Stelle verwiesen, wo „endlos" Schriftstücke ausgefertigt wurden, die sie zu Unterschriftsleistungen berechtigen sollten, um die Bibliothek ausgehändigt zu bekommen. Sie erkundigte sich noch einmal, ob der „Wisch" auch ausreiche, dann „zottelte" die Mannschaft weiter nach Unterleinleiter.

Dorfbewohner verwiesen sie an das Haus, in dem das Military Gouvernment residierte. Mit Mühe und Not steuerten sie die Straße rückwärts den Berg hinauf, da man nirgends umkehren konnte. Nach langem Umherirren fand sie in der Küche eine Frau, die von den Büchern etwas zu wissen schien. Diese meinte, sie befänden im Schloss am Ende des Dorfes.

Dort fand sie eine Beschließerin, die ihr mitteilte, dass sie den Schlüssel nicht habe. Der sei in Ebermannstadt oder in Forchheim. Frau Wagner fiel ein, dass der Gouverneur zum Mittagessen in seine Wohnung zurückkommen würde und eventuell den Schlüssel mitbringen könnte. Sie stürzte ins Postamt und versuchte, ihn anzurufen. Doch seine Nummer war dauernd besetzt, und das Telefonfräulein wollte Schluss machen, es war mittlerweile schon Mittag. Frau Wagner fürchtete schon, nach Ebermannstadt zurückfahren zu müssen, wo sie den Schlüssel nicht vor 2 Uhr hätte bekommen können – zu spät, um noch aufzuladen, denn man hätte bei stockdunkler Nacht heimfahren müssen. Doch endlich meldete sich der Gouverneur. Allerdings wisse er nicht, ob er den richtigen Schlüssel habe. Aber er würde den ganzen Bund mitbringen, vielleicht passe einer, sonst solle sie aufbrechen lassen. Sie solle unten an der Brücke auf ihn warten.

Das tat sie bei eisigem Wind und Schneesturm eine halbe Stunde lang, bis der Wagen endlich kam und der Gouverneur den Bund Schlüssel übergab, mit der Bitte, ihn später der Köchin zurückzugeben. Inzwischen war es den Arbeitern zu dumm geworden, sie hatten ein Fenster eingeschlagen, waren in den fraglichen Raum eingestiegen und hatten die Türe von innen geöffnet.

Die Verwalter-Eheleute führten Frau Wagner in ihre Wohnung und gaben ihr Teller, Messer und Gabel, um ihre mitgebrachten Stullen verzehren zu können, während die Transportarbeiter die zehn Bücherkisten aufluden. Das war in 50 Minuten geschehen, und gegen 14 Uhr „fuhren" alle „schwer- und hochbepackt" wieder heimwärts. Inzwischen war Spiegeleis aufgekommen. Der Chauffeur, der die Gegend nicht kannte, flehte verzweifelt um eine andere Straße zur Heimkehr. Bei Behringersmühle bogen sie nach Pottenstein ab, blieben dann mitten im Dorf wieder einmal liegen. Kamen dann ohne weitere Zwischenfälle bei Pegnitz auf die Autobahn und waren um halb fünf wieder in Bayreuth und konnten die Kisten im Malersaal des Festspielhauses abladen.

Frau Wagner atmete förmlich auf, wenn sie ihren Bericht schloss: „Jetzt hätten wir also auch das wieder."

Die Bibliothek fand später, nachdem Winifred Wagner in ihre Wohnung zurückkehren durfte, im Verbindungsbau zu Wahnfried eine angemessene vorläufige Bleibe.

Der anonyme Anrufer war, wie sich herausstellte, der damalige Landrat von Ebermannstadt und spätere bayerische Finanzminister Dr. Rudolf Eberhard, der uns später die Jean-Paul-Ausstellung ermöglichte und so einen Anstoß zur Errichtung des Jean-Paul-Museums gab.

Im Zuge des Wiederaufbaus von Wahnfried wurden auch die Bücherschränke rekonstruiert. Die Bibliothek war inzwischen, zusammen mit dem Familienarchiv, von der 1973 gegründeten Richard-Wagner-

Stiftung erworben worden. Bei der Eröffnung des Richard-Wagner-Museums 1976 stand jeder Band wieder an seinem alten Platz.

Der Fall Nietzsche

Die zwei ersten Porträts, die ich bei der Einrichtung des neuen Bibliotheksraums im Siegfriedhaus aufhängte, waren große Fotos von Friedrich Nietzsche und Thomas Mann. Den letzteren schätzte ich als den Autor der beiden Wagner-Essays, den andern wegen einiger der tiefgründigsten Sätze, die je über Wagner geschrieben worden sind und wegen seiner Sprachvirtuosität. Nietzsche gehörte überhaupt zu den Halbgöttern meiner Jugend.

Fasziniert vom „Zarathustra"

Meine erste Begegnung mit den Büchern Nietzsches hatte ich mit dreizehn. Es war in einer Volksschule in Augsburg, die 1944 bei einem Bombenangriff zerstört wurde. Ein Freund hatte dort eine Ausgabe des „Zarathustra" mitgebracht.

Als mir der Freund den „Zarathustra"-Band reichte, war mir, als nähme ich ein Stück glühender Kohle in die Hand. Für einen folgsamen Katholiken und Ministranten aus Wallenfels war dieses Buch verdammtes und streng verbotenes „Teufelswerk". Aber wahrscheinlich machte gerade das seine Faszination aus. Noch dazu handelte es sich um eine sehr schöne bibliophile Ausgabe. Erst blätterte ich etwas in dem Band, dann las ich mich förmlich hinein. Zwar begriff ich so gut wie nichts, aber mich fesselte, mich berauschte die Sprache. Die Sätze „Nacht ist es: nun reden lauter alle springenden Brunnen" und „Oh Mensch! Gib acht! Was spricht die tiefe Mitternacht?...Doch alle Lust will Ewigkeit, will tiefe, tiefe Ewigkeit" haben sich damals in mein Gedächtnis förmlich eingebrannt. Und von da an war ich, mit schlechtem Gewissen zwar, ein faszinierter Verehrer Nietzsches.

Noch als Leiter des Richard-Wagner-Museums zählte ich ihn zu meinen Idolen. Seine Trennung von Wagner betrachtete ich als ein schicksalhaft tragisches Ereignis.

1988 – einhundert Jahre nach dem Erscheinen seiner Schrift „Der Fall Wagner" – planten wir eine Ausstellung und eine Rundfunksendung über Nietzsche. Bei der Vorbereitung eines Vortrags über Wagner und Bach stellte ich fest, wie sich die beiden scheinbaren Gegensätze bei näherem Hinsehen ins Gegenteil verkehrten und der Bayreuther Musiker sich als ein enthusiastischer Bewunderer des Thomaskantors erwies. Eine ähnliche Brücke hoffte ich nun zwischen Nietzsche und Wagner schlagen zu können. Ich sprach darüber mit Frau Curth vom RIAS. Mir schwebte eine Hommage über die sagenhafte „Sternenfreundschaft" vor.

Die Enttäuschung

Doch je gründlicher ich mich nun einlas, desto öfter wurde ich überrascht und enttäuscht. Viele Vorwürfe Nietzsches gegen Wagner erwiesen sich als haltlos, oft schlicht als unwahr. Viele tatsächliche Gründe für seine Abkehr waren verschwiegen, so seine Enttäuschung wegen der Missachtung Wagners für den Komponisten Nietzsche. Unterschlagen war u. a. auch der verbrämte eigentliche Grund der „tödlichen Beleidigung", nämlich der Onanieverdacht, den Wagner in einem besorgten Brief an Nietzsches Arzt Dr. Otto Eiser geäußert hatte. Ich war über die Unwahrheiten des Jüngeren umso mehr enttäuscht, als meine Bewunderung für den unvergleichlich genialen Sprachvirtuosen sich zunächst eher noch gesteigert hatte.

Was als Huldigung gedacht war, geriet schließlich zu einer kritischen Betrachtung. Als ich Hildegard Curth über die ernüchternden Einsichten und meine geänderte Einstellung informierte, war auch sie zuerst verstört, ließ sich aber dann überzeugen und setzte die Sendung trotz der Bedenken ihres zuständigen Abteilungsleiters durch. Der RIAS brachte sie dann unter dem Titel „Der Fall Wagner – der Fall Nietzsche"; später folgten der Bayerische Rundfunk und der Südfunk Stuttgart. Eine ausführlichere Buchfassung erschien – rechtzeitig zur Ausstellung in Wahnfried – unter dem Titel „Wenn ich Wagnern den Krieg mache...".

„Voltaire als Wagnerianer"

Zuerst traut der Leser seinen Augen nicht, wenn er diese Überschrift eines Beitrags in den „Bayreuther Blättern" entdeckt. Und das in einem Heft, das im August 1879 erschienen ist, also noch zu Lebzeiten Wagners. Dazu ist es gut zu wissen, dass 1876 dessen Bruch mit Nietzsche begonnen hatte. Provoziert durch das Buch „Menschliches, Allzumenschliches". Ihm war eine Widmung an den Rationalisten Voltaire vorangestellt. Nietzsches Ausfälle gegen den Bayreuther gipfeln in der höhnischen Bemerkung über das altgewordene Genie, dem der Opferduft ins Gehirn steige, sodass er sich für etwas Übermenschliches zu halten beginne.

Nun hatte aber ein Kenner des französischen Dichters namens Edmond van der Straeten in den Schriften Voltaires Bemerkungen entdeckt, die gerade in Bezug auf Nietzsches Widmung hochinteressant waren. Er ließ den Bayreuthern 1879 eine kommentierende Betrachtung darüber zukommen, die dann prompt im Augustheft der „Bayreuther Blätter" erschien, und zwar mit der Überschrift „Voltaire als Wagnerianer". Was dem unbewanderten Leser als eine ziemlich dreiste und peinliche Inanspruchnahme vorkommen könnte, entpuppt sich jedoch als eine deliziöse, nadelspitze Pointe.

Voltaire – so erklärt der Verfasser nach – geißelt scharf die Unsinnigkeiten des zeitgenössischen Opernwesens, wie ein Jahrhundert später Wagner auch. „Welch ein schmählicher Mißbrauch", so Voltaire, „hat es dahin gebracht, daß die Musik, welche die Seele zu großen Empfindungen erheben kann und die bei den Griechen dazu bestimmt war, das sittlich Edle und Erhabene zu feiern, unter uns nur noch dazu benutzt wird, um Liebesvaudevilles zu singen! [...]. Es wäre zu wünschen", so fährt er fort, „daß ein Genie erstehe, welches stark genug wäre, um der Nation diesen Mißbrauch abzugewöhnen und einem Schauspiel die ihm noch mangelnde Würde zu geben [...]. Die Oper muß auf eine andere Stufe gehoben werden, wenn Sie nicht die Verachtung verdienen soll, mit der die Völker Europas sie behandeln".

Voltaire sagt dann eine künstlerische Revolution voraus und schreibt 1735 – genau ein Jahrhundert, bevor Wagner zum ersten Mal nach Bayreuth kam –: „In einhundertfünfzig Jahren werdet ihr mir neue Kunde davon zu sagen haben." Es war also nur allzu verständlich, dass Wagner und Wolzogen, der Redakteur der „Bayreuther Blätter", sich die Chance zu einer Retourkutsche nicht entgehen ließen, Widmung und Namen Nietzsches mokant ignorierten und Voltaire mit ihrer Überschrift gleichsam zum Wagnerianer ehrenhalber beförderten. Ebenso verständlich ist, dass Nietzsche bei späteren Auflagen seines Buches die Widmung an Voltaire wegließ und 1886 in „Jenseits von Gut und Böse" merklich abgekühlt notierte: „Oh Voltaire! Oh Humanität! Oh Blödsinn!"

Peinlicher Fehlgriff

Das Buch „Wenn ich Wagnern den Krieg mache" fand – von durchsichtigen Ausnahmen abgesehen – ein sehr positives Echo, auch im Ausland. Aus Dänemark bekräftigte Professor Peter Wang von der Universität Aalborg am 9. Januar 1990 in einem Brief seine Bemerkungen über das „scharfsinnige" und „witzige" Lesevergnügen mit einem „Bravissimo". Und am Schluss setzte er seinen Komplimenten noch die Krone auf: „Ihr Buch war für mich die literarische Begebenheit des Jahres 1989."

Im selben Brief erzählte er eine amüsante Pointe: Nietzsche hatte in seinem Lebenslauf für seinen dänischen Protektor Georg Brandes geflunkert, der erste Name, den er als Kind gehört habe, sei der von Gustav Adolf gewesen. Doch die Absicht dem Adressaten mit der Erwähnung des Schwedenkönigs zu schmeicheln, traf peinlich daneben. Gustav Adolf nämlich war – als ein Symbol der historischen Machtverrückung von Dänemark nach Schweden – für alle Dänen damals noch ein rotes Tuch.

Seit dem Erscheinen des Buches hatte das Museum noch einen anderen Verbündeten: den Rundfunkredakteur Hans Jürgen Rojek, damals Leiter der Abteilung Bildung und Erziehung bei der Deutschen Welle, der unsere Arbeit und die der Festspiele mit seinen kenntnisreichen Interviews und Sendungen begleitete.

Ein Kollege Wangs, Prof. Hansgeorg Lenz aus Kopenhagen, beendete seine zustimmende Besprechung über das Nietzsche-Buch übrigens mit einem lapidaren Urteil aus dem Fechter-Jargon: „Touchet!"

Bernstein:
„Du bist Manfred, ich bin Leonard"

Bei einem Besuch in Bayreuth kam Leonard Bernstein in Begleitung Friedelind Wagners nach Wahnfried. Er setzte sich gleich nach der Ankunft an den Flügel und improvisierte das Vorspiel zum zweiten Aufzug des „Tristan". Er schwelgte förmlich in dieser Musik.

Gespannt hörten wir ihm zu. Danach, bei einem Rundgang, kamen wir auch in die Nietzsche-Ausstellung. Herr Bernstein zeigte sich sehr interessiert. Er wollte mehr über meine kritischen Vorbehalte wissen. Mein ausliegendes Buch schenkte ich ihm. Er umarmte mich und sagte: „Du bist Manfred, ich bin Leonard." Dann zog er mich in den Nebenraum, bat Friedelind Wagner, ein Foto von uns zu machen, und hielt dabei mein Buch ins Blitzlicht, legte seinen Arm um mich, und Friedelind knipste.

Dreizehn Jahre später erschien von mir ein neues, kritischeres Buch: „Nietzsches Bayreuther Passion".

„Du bist Manfred, ich bin Leonard!" Mit Bernstein in der Nietzsche-Ausstellung 1988.

„Sie ham in Dräsdn gar nix zu suchn"

1983 wurde ich zur Wiedereröffnung des restaurierten Richard-Wagner-Museums in Graupa bei Dresden eingeladen, um dort meinen Vortrag über Wahnfried zu halten.

Gleich bei der Einreise, beim Grenzübergang, bekam ich einen Vorgeschmack von dem, was mich erwartete. Ein junger Volkspolizist fragte nach meinem Reiseziel. Als ich antwortete: „Dresden", wies er mich zurecht: „Sie ham in Dräsdn gar nix zu suchn!" Vielleicht war auf dem Visum Graupa oder die Anschrift meines außerhalb Dresdens wohnenden Kollegen Dr. Jörg Heyne angegeben, bei dem ich übernachten sollte.

Barmherziger zeigte sich ein älterer Vopokollege am nächsten Kontrollpunkt. Bei Durchsicht meines Autos schien er etwas erschrocken über den Inhalt des Kofferraums, der alles enthielt, was ich für den Vortrag brauchte: Zwei große Lautsprecher, das Projektions- und das Kassettengerät, den Verstärker und die Kabel. Er zog die Stirne, in Falten und belehrte mich: das dürfe ich eigentlich gar nicht mitbringen. Dazu müsse ich erst eine Genehmigung vom Innenministerium haben! Nun war aber Samstagnachmittag, und am Sonntag sollte ich den Vortrag halten. Ich fragte: „Wo nehme ich jetzt ein Innenministerium her?"

Der Beamte blieb gelassen. Er ließ sich die Einladung zum Vortrag zeigen. Dann entschuldigte er sich: er müsse anrufen. Nach einer guten halben Stunde kam er wieder: Ich dürfe alles mitnehmen, müsse es aber auflisten und alles wieder zurückbringen.

Später, in der Wohnung meines Kollegen, wartete dieser mit einem peinlichen Geständnis auf: Er zeigte mir eine Broschüre mit dem Festprogramm und einer weißen leeren Stelle: „Da war Ihr Vortrag angekündigt." Er gestand, dass die Einladung von „oben" zurückgezogen worden war, ebenso eine andere an Friedelind Wagner.

Am Sonntag, bei den Festlichkeiten im Garten von Graupa, saßen außer einer Tochter des Museumsgründers in der ersten Reihe der Ehrengäste lauter SED-Mitglieder. Jahrelang zuvor hatten sich einige Wagner-Verehrer am Ort und in Dresden ohne Unterstützung –

weniger gefördert als nur geduldet – erfolgreich bemüht, den Verfall des Museums zu verhindern und es zu restaurieren.

Mein ursprünglich vorgesehener Vortrag war durch eine Lesung von Briefen Wagners aus seinen Pariser Jahren ersetzt worden – übrigens eine vorzügliche Darbietung durch einen Sprechpädagogen, der sich bei einigen Dresdner Sängern bewährt hatte. Mit ihm verbrachte ich anderntags bei einer Autofahrt durch die Stadt eine so vergnügliche wie animierende halbe Stunde mit Rilke- und Hölderlinzitaten, die wir im Duett sprachen oder bei denen wir einander ergänzten.

Jedes Mal, wenn Dr. Heyne mich bei den Festgästen vorstellte, musste er meinem Namen hinzufügen: „– mein persönlicher Gast." Als ich beim Rundgang durch das Museum zufällig an eine Vitrine geriet, vor der auch der Bürgermeister von Graupa stand, fragte ein Pressefotograf ihn, ob er uns beide aufnehmen dürfe. Der Bürgermeister schwieg nur eisig, drehte sich um und ging ins andere Zimmer.

Dr. Heyne hatte mich am Vortag gefragt, ob ich den Wahnfried-Vortrag trotz der Ausladung halten würde. Ich war gerne einverstanden, wir vereinbarten aber, ihn nicht offiziell anzukündigen. Nach dem Ende des Programms am Sonntagabend stellten wir im Hof, gegenüber einer weißgekalkten Garagenwand, einige Bänke und Stühle um, bauten die Geräte auf und ließen die Kassette und die Dia-Schau laufen. Die meisten der Anwesenden blieben, auch der Bürgermeister. Er setzte sich anfangs ganz links auf einen einsamen Stuhl, rückte jedoch mit jeder Viertelstunde auf einer Bank mehr und mehr zur Mitte, sparte am Schluss auch nicht mit Beifall und zeigte sich bei einem Umtrunk als ganz umgänglicher Mensch.

Bei einem Rundgang durch Dresden am Montag war ich sehr beeindruckt von all den teils wiederhergestellten Bauwerken, die ich bisher nur von Büchern kannte. Unvergesslich blieb mir ein Berg von Steinen: die Reste der Frauenkirche – ein Anblick, bei dem sich mir minutenlang der Hals zuschnürte und an den ich später oft zurückdachte, als das unglaubliche Wunder des Wiederaufbaues geschehen war.

Marek Janowski und die Semper-Oper

Einige Tage vor der Reise in die DDR hatte der Dirigent Marek Janowski seinen Besuch in Wahnfried angekündigt. Er bereitete damals gerade die Gesamtaufnahme des „Rings" mit der Staatskapelle Dresden vor. Beim Studium der Partituren waren ihm Stellen aufgefallen, die ihn vermuten ließen, dass einzelne Vortragsbezeichnungen vom Kopisten oder Stecher versehentlich verschoben worden waren. Er bat um Einsicht in die jeweiligen Handschriften. Tatsächlich wurden wir beim Kontrollieren einiger fraglicher Takte fündig.

Als er hörte, dass ich zu Vorträgen nach Dänemark und Berlin fahren und dabei auch Dresden besuchen und die Bauarbeiten an der Semperoper besichtigen wolle, riet er mir, mich von diesem Vorhaben nicht abbringen zu lassen. „Kommen Sie mir nicht zurück, ohne die Oper gesehen zu haben!"

In Dresden, beim Versuch, im Baubüro die erbetene Erlaubnis zu bekommen, stieß ich zuerst auf taube Ohren. Freundlich, aber entschieden, bat mich der Bauleiter um Verständnis, dass er in dieser hektischen Schlussphase niemand mehr einlassen könne. Beim Aufstehen erwähnte ich, dass Herr Janowski allerdings sehr enttäuscht sein würde, und zitierte seine scherzhafte Drohung.

Das Gesicht meines Gegenübers entspannte sich, er telefonierte kurz. Keine fünf Minuten später kam ein junger Bauingenieur und holte mich ab. Er führte mich dann eine Stunde lang durch das Haus und in die Baracken an der Baustelle. Was ich sah und hörte, war sehr beeindruckend. Bis in Einzelheiten erfuhr ich beiläufig auch viel über die Methoden beim Ersatz von Bauteilen, wie z. B. aus Marmor – Verfahren, die von den Handwerkern zum Teil selbst entwickelt werden mussten, weil sie von den erfahrenen polnischen Kollegen im Stich gelassen worden waren. Kurz – ich lernte über diese Seite der DDR mit Bewunderung einiges dazu.

Der Thomanerchor in Wahnfried

Nach dem Fall der Mauer und der Grenzöffnung wurde der nahe Volksfestplatz in Bayreuth ein einziger riesiger Trabi-Parkplatz. Von dort aus wälzten sich die Ströme der Besuchsgeldaspiranten in breiten, unaufhörlichen Strömen durch die Richard-Wagner-Straße an Wahnfried vorbei zur Innenstadt und zu den Ausgabestellen für das Besuchergeld. Nicht alle gingen an unserem Museum vorüber. Zurückmarschierende Familien, die sich in der Stadt mit Geld und Proviant versorgt hatten, machten sich im Museum auf Treppen und Stiegen breit und hielten Picknick. Jeden Tag kamen mehr Leute herüber und herein. Besonders nachdem sich herumgesprochen hatte, dass bei uns Toiletten vorhanden seien. Wahnfried wurde für Wochen zur wohl meistfrequentierten Bedürfnisanstalt Bayreuths.

Wir hatten aber auch viele Besucher, die tatsächlich Wahnfried sehen wollten. Das Haus Richard Wagners. Sein Museum. Und manche standen oder saßen mit feuchten Augen im Saal, während sie die Musik des Klingenden Museums hörten.

Die erste Gruppe von der „ehemaligen DDR", die uns besuchte, war der Leipziger Thomanerchor. Die jungen Sänger machten Wagner und dem Museum das schönste Kompliment: Sie sangen in der Halle aus dem ersten Aufzug des „Parsifal" den Knabenchor aus der Höhe. Hätte ich geahnt, was sie vorhatten, hätte ich sie auf die Galerie über der Halle gebeten: denn dort war dieser Chor zu Wagners 69. Geburtstag, seinem letzten, am 22. Mai 1882 zum erstenmal aufgeführt worden.

Licht in Lücken der Wagner-Forschung

Für Veröffentlichungen in Aufsätzen, Broschüren, Büchern und Rundfunksendungen entschied ich mich meist für solche Themen, die von der Wagner-Forschung bislang übersehen oder meiner Meinung nach nicht ausreichend behandelt worden waren.

Die Jahres-Broschüren

Entsprechende Publikationen schrieb ich lange Zeit alljährlich für das Druckhaus in Bayreuth, meinen alten Zeitungsverlag. Der sie dann jeweils vor Weihnachten als Jahresgabe an Kunden verschickte. Die Themen wählte ich nach Möglichkeit immer so, dass sie dem Gegenstand der nächsten Sonderausstellung entsprachen. Deshalb ließ ich immer eine Sonderauflage von einigen tausend Exemplaren mitdrucken, die wir dann als eine Art Katalogersatz an interessierte Museumsbesucher verkauften. Diese Sonderauflagen waren aus diesem Grunde extrem preisgünstig. Es war im Rahmen unserer finanziellen Grenzen damals die einzige Möglichkeit, eine begleitende Druckschrift herauszubringen.

Anfang der achtziger Jahre kam ein Rechnungsprüfer des Obersten Rechnungshofes in mein Büro und fragte, wie wir diese Broschüren finanzierten. Ich erklärte ihm den Sachverhalt und zeigte ihm einige Beispiele. Er blätterte darin, nickte beifällig und schüttelte den Kopf: „Also, günstiger kann man doch nun wirklich nicht zu solchen Broschüren kommen."

Durch diese Veröffentlichungen und durch Ausstellungen bemühten wir uns, Licht in Lücken der Wagner-Forschung zu bringen. Einige Beispiele:

Bach – „das wunderbarste Rätsel aller Zeiten"

Ich verbrachte die meisten Urlaubstage mit Vortragsreisen, die mich in viele Städte des In- und Auslands führten. Einer meiner meistbesuchten Vorträge befasste sich mit dem Thema „Richard Wagner als Bach-

Enthusiast". Die Anregung dazu gab Frau von Friedeburg, die Vorsitzende des Münchner Richard-Wagner-Verbandes. In einer Festspielpause am Hügel erwähnte sie, dass sie am nächsten Tag zur Bachwoche nach Ansbach weiterreisen würde. „Und das wagen Sie hier so ungeniert zu sagen?" Gelächter. Wir unterhielten uns dann über Wagners Bewunderung für Bach. Die Cosima-Tagebücher waren kürzlich erschienen und hatten mir Augen und Ohren geöffnet. „Darüber müssen Sie uns einen Vortrag halten!" So entstand dieser Katalog.

Dass Bach und Wagner für viele Musikfreunde noch immer als unvereinbare Gegensätze gelten, beruht auf einem kapitalen Irrtum. Wagners Begeisterung für den Thomaskantor ist im Laufe seines Lebens und Schaffens stetig gewachsen. Dabei hat er Einsichten vorweggenommen, die Albert Schweitzer bestätigt hat. In seinem Bach-Buch zitiert er seitenweise Äußerungen des Bayreuthers über den Thomaskantor.

Das „Wohltemperierte Klavier" war für Wagner „Musik eo ipso". In Wahnfried ließ er sich von Josef Rubinstein immer wieder daraus vortragen, wobei er einzelne Präludien und Fugen oft sehr treffend, zuweilen auch ergötzlich charakterisierte. Über eine bestimmte Fuge äußerte er: „Das hat mir meinen Duktus gegeben, das hat mich bestimmt. Das ist unendlich, so etwas hat keiner wieder gemacht." Anklänge tauchen in Motiven seiner späteren Werke immer wieder auf. Und zumal die „Meistersinger" mit ihren kontrapunktischen Finessen sind geradezu „angewandter Bach". Zugleich auch eine Huldigung für den älteren Meister, über den Wagner sagte, er sei „der Musiker katexochen" und „das wunderbarste Rätsel aller Zeiten".

Ich habe den Vortrag dann über 50-mal gehalten. In Berlin hörte ihn Hildegard Curth, Redakteurin beim RIAS. Sie fragte, ob ich ihn für ihren Sender aufnehmen würde. So kam meine Zusammenarbeit mit dem RIAS und anderen Sendern zustande. Eine Freundschaft, die dann viele Jahre andauerte.

Thomas Mann – der wankende Wagnerianer

„Was ich Richard Wagner an Kunstglück und Kunsterkenntnis verdanke, kann ich nie vergessen [...]. Lange Zeit stand des Bayreuthers

Name über all meinem Denken und Tun [...]. Wagner war mein stärkstes künstlerisches Erlebnis [...]. Ich schulde ihm Unaussprechliches [...]." Solche und viele andere Bekenntnisse Thomas Manns bezeichnen sein lebenslang passioniertes Verhältnis zu Wagner.

Es gibt jedoch auch Aussprüche, in denen er ihn einen „luxusbedürftigen Revolutionär", eine „Herausforderung der Mitwelt" nennt, den „schnupfenden Gnom aus Sachsen mit dem Bombentalent und dem schäbigen Charakter", seine Kunst „scharlatanesk und unrein", „ausgepichte Teufelsartistik". Er bekennt „Ich kann heute so schreiben und morgen so."

Solchen Widersprüchlichkeiten, die durch Launen, zeitliche Umstände, vor allem durch die anfängliche Nietzsche-Hörigkeit des Autors bedingt waren, spürt der Vortrag auf sachlich abwägende Weise nach. Dabei fallen erhellende Schlaglichter sowohl auf Richard Wagner als auch auf Thomas Mann selbst. Der – übrigens auch von Wieland geschätzte – Wagner-Biograf Curt von Westernhagen schrieb über den Vortrag „Er ist das Beste, was ich über das Thema gelesen habe."

Die schwere Geburt der „Meistersinger"

In mehreren Vorträgen, Veröffentlichungen oder Sendungen beleuchtete ich bekannte Stoffe aus der Perspektive neuerer Forschungsergebnisse. Im Katalog zur großen Ausstellung „Die Meistersinger und Richard Wagner", die 1981 im Germanischen Nationalmuseum Nürnberg gezeigt wurde, erschien mein Beitrag über die schwere Geburt dieser scheinbar so volkstümlich, unproblematischen Oper.

Wie Dichtung und Musik der „Meistersinger" ins Ohr gehen, heiter, „goldhell" und „ausgegoren" (Nietzsche) und wie aus einem Guss – das trifft zu, aber es täuscht. Zwischen dem ersten Entwurf von 1845 und der letzten Note liegen 22 Jahre, darunter die unruhigsten und bedrückendsten in Richard Wagners Leben.

Dieser Beitrag berichtet über ihre Entstehung, die literarischen Anregungen, die Unterbrechungen durch die Arbeit an anderen Werken, auch über die Verwandlung des Hans Sachs von einem „boshaften" Mann, der über den Verfall der Dichtkunst klagt, in den weise resignierenden Sinnierer des Wahnmonologs, in dessen Melancholie Wagner sein eigenes Mathilde-Wesendonck-Trauma einfließen lässt. Die Wiederaufnahme der Arbeit im Herbst 1861 ist ein förmlicher „Rettungsplan", als Selbsthilfe in einer seelisch beklemmenden Situation. Abweichend von bisherigen Darstellungen und einer falsch interpretierten Stelle in „Mein Leben" wird begründet, dass nicht erst die Venedigreise und Tizians „Himmelfahrt Mariens" den Anstoß zur Weiterführung gegeben haben und dass das Vorspiel nicht bei der Rückreise konzipiert wurde, wie Wagner infolge eines Erinnerungsfehlers meint, sondern erst Monate später auf einer Rückfahrt von Paris.

Dieser Aufsatz zeigt, dass eilfertig erzwungene, unausgereifte „Meistersinger" nicht das geworden wären, was sie dank aller Verzögerungen und dank der teils leidvollen Lebens- und Kunsterfahrungen aus zwei Jahrzehnten geworden sind.

„Königsfreundschaft"

In der so benannten Ausstellung über Ludwig II. und Richard Wagner wurden Legende und Wirklichkeit einander gegenübergestellt.

Bei den Recherchen war beispielsweise zutage getreten: Allein für die Einrichtung seines Paradeschlafzimmers im Schloss Herrenchiemsee hat König Ludwig II. mehr ausgegeben als – alles in allem – für Richard Wagner.

Dies ist nur eines von vielen Beispielen dafür, wie übertrieben oder falsch manche Klischees sind, die Wagner seit seiner Münchner Zeit anhängen. Die Ausstellung „Königsfreundschaft" wie die gleichnamige Rundfunksendung und der Vortrag räumten mit etlichen Legenden auf. Dabei wurde nichts beschönigt, denn beide, Wagner wie Ludwig II., haben die Freundschaft zuweilen auf harte Proben gestellt.

Es wurden auch jene Hintermänner benannt, die mit unglaublichen Schikanen, Verdrehungen und Indiskretionen gegen Wagner und den König opponiert haben.

Vor allem aber wurde offenbar, wie schicksalhaft, beispiellos und fruchtbar diese Freundschaft war, ohne die es vielleicht keinen vollendeten „Ring", wahrscheinlich keinen „Parsifal" und ganz sicher keine Bayreuther Festspiele gegeben hätte. Natürlich auch kein Neuschwanstein, dessen Innenhof und Haupträume eigentlich steingewordene Bühnenbilder der damaligen Münchner „Lohengrin-" und „Tannhäuser"-Inszenierungen sind.

Abkehr vom alten Ungeist

In meinem Beitrag über „Fakten und Fairness" sah ich mich genötigt, gegen das Vorurteil anzugehen, das den Bayreuther Richard-Wagner-Archiven mangelnde Objektivität, Heimlichtuerei, Zensur und dergleichen unterstellt.

Der Vorwurf war antiquiert – unbegründet war er nicht. Cosima ließ alles vernichten, was einen Schatten auf Richard Wagner oder auf sie selbst hätte werfen können. Zu den Opfern ihrer Rigorosität zählen seine Briefe an Mathilde Wesendonck, andere von Friedrich Nietzsche, Peter Cornelius und Hans von Bülow. Sie wollte sogar ihren gesamten Briefwechsel mit Wagner verbrennen lassen; nur wenige Originale sind erhalten geblieben. Weil ihre Tochter Eva Chamberlain die Konvolute dem Familienarchiv entnahm, um den Auftrag Cosimas zu erfüllen, erstattete Winifred Wagner sogar polizeiliche Anzeige. Eva deponierte die Tagebücher Cosimas für Jahrzehnte in einem Banksafe, um sie vor dem Familienarchivar Dr. Strobel sicherzustellen. Er hatte zwar den Zorn der Wagnertöchter hervorgerufen, aber durch seine beispielhaft sachliche Edition des Briefwechsels zwischen König Ludwig II. und Wagner bekam er die Anerkennung der Wissenschaftler. Winifred Wagner hatte ihm eine unbehinderte Forschungsarbeit ermöglicht.

Der Zugang zum Material der Bayreuther Wagner-Archive wurde seit Jahren uneingeschränkt allen ernsthaft recherchierenden Studierenden und Forschern gewährt. Mit eigenen Veröffentlichungen und Ausstellungen war man – und waren auch wir – in diesen Archiven bemüht, die Vorurteile und Klischees, die das Wagnerbild verfälschen, abzutragen. Es wäre aus taktischen Gründen unklug gewesen, etwas verfälschen, verschleiern oder schönfärben zu wollen. Wir wollten unsere Glaubwürdigkeit nicht infrage stellen.

Wagner hat in Bayreuth gerade noch gefehlt

Warum Wagner ausgerechnet unsere Stadt als Ort für seine Festspiele wählte, darüber orakelte er 1871 in einem Brief an den damaligen Stadtverordneten-Bevollmächtigten Friedrich Feustel: Der Wink seines guten Dämons habe ihn nach Bayreuth geführt.

Tatsächlich waren bei der Wahl dieser Stadt für seine Festspiele und bei der Verwirklichung seiner Idee noch mehr höchst sonderbare Zufälle im Spiel. Der unvergessliche erste Eindruck der Stadt auf den 22-jährigen Kapellmeister; eine erstaunliche „Prophezeiung" Jean Pauls; bemerkenswerte Berührungspunkte Wagners mit ihm und der Markgräfin Wilhelmine, deren Opernhaus eine Schlüsselrolle spielte; sagenkundliche Zusammenhänge zwischen dem „Tannhäuser" oder dem „Ring" mit dem Fichtelgebirge; dann, auf einen Wegbereiter wie Feustel zu treffen: dies alles und noch viel mehr fügt sich zu einer Kette von verblüffender Folgerichtigkeit zusammen, die seinem „guten Dämon" alle Ehre macht.

Der rettende Unsinn

Kein anderer Operndichter und -komponist wurde so oft parodiert, kein anderer Künstler so oft karikiert wie Richard Wagner. Die erste aller Wagner-Karikaturen allerdings hat er selbst gezeichnet. Niemand hat den selbstparodistischen Sarkasmus so weit getrieben wie Wagner selbst.

„Das ist meine Rettung", so äußerte er, „daß mir diese Fähigkeit gegeben ist, augenblicklich das Ernsteste in Unsinn umzuschlagen." Man müsse mit dem Erhabensten scherzen können, nur dann sei man glücklich. Unter diesem souveränen Aspekt kann man auch die Karikaturen und Parodien aus der Feder anderer sehen, unter denen böswillige Gegner, aber auch Verehrer Wagners waren.

Mancher Altwagnerianer hätte sich vermutlich dreimal bekreuzigt, wenn ihm zu Ohren oder unter die Augen gekommen wäre, wie sarkastisch der Meister die Vollendung des „Tristan" und den Tod des Helden vermeldete. Was er zuvor an Mathilde Wesendonck geschrieben hatte: „Ich räume furchtbar auf. Heute habe ich auch Melot und

Kurwenal totgeschlagen." Oder wenn er ulkte, im dritten Akt der „Götterdämmerung" schreie Siegfried „wie eine wilde Gans". Den feierlichen Gralsmarsch im „Parsifal" apostrophierte er als einen „Bademarsch"; über seine Ritter verkündete er: „Ich werde meine Monsieurs mit dem Radetzkymarsch ablatschen lassen." Für das Gralsgeläute wünschte er sich „polyphemische Käseglocken", und nachdem er die Klingsorszene beendet hatte, seufzte er: „Endlich bin ich ihn los, diesen musikalisch-dramatischen Meerrettich."

Wichtige Neuerwerbungen

Wenn man die Bilanz aus den 20 Jahren in der Gedenkstätte und im Richard-Wagner-Museum von 1973 bis 1993 zieht, sollte man zwei Neuerwerbungen erwähnen: Die Burrell-Sammlung und die „As-Dur-Elegie".

Die Burrell-Sammlung

Eine bedeutende Erweiterung des Archivs konnten wir 1978 verbuchen. Es wurde bei Christie's in New York die Burrell-Sammlung versteigert. Sie war benannt nach der begüterten Engländerin Mary Burrell, die für ihre großformatige Richard-Wagner-Biografie eine umfangreiche Kollektion zusammengestellt hatte. Nach ihrem Tod um die Jahrhundertwende gingen die Bestände in den Besitz der ebenso reichen amerikanischen Wagnerianerin Mary Louis Curtis über, die sie dann der Musikhochschule in Philadelphia vererbte. Von dieser wurde die Sammlung 1978 überraschend zur Auktion angemeldet. Dies war der Anlass, sofort alle Hebel in Bewegung zu setzen, um das bedeutende Material für Bayreuth zu retten um es der Forschung zugänglich zu machen.

Regierungspräsident Wolfgang Winkler, Oberbürgermeister Hans Walter Wild und Staatssekretär Simon Nüssel waren sofort bereit, alle zuständigen Stellen, die als Geldgeber infrage kamen, zu mobilisieren. Am Ende kam ein erheblicher Betrag zusammen. Aus Mitteln des Bundes eine Million, vom Freistaat Bayern, von der Landesstiftung und der Oberfrankenstiftung je eine halbe Million, von der Stadt Bayreuth 350.000, von der Gesellschaft der Freunde von Bayreuth 100.000, von der Stadtsparkasse Bayreuth 50.000 DM. Insgesamt wurden drei Millionen DM aufgebracht, von denen zwei Millionen zum Erwerb der wichtigsten Dokumente verwendet werden konnten.

Weder die Staatsbibliothek noch das Nationalarchiv traten bei diesen Vorbereitungen auf die Auktion öffentlich in Erscheinung. Dies blieb aus taktischen Gründen einem Fachmann unseres Vertrauens überlassen, dem New Yorker Anwalt Bernard Breslauer, der von uns laufend informiert wurde.

Im Oktober 1978 teilte uns Bernard Breslauer den Erfolg seiner Bemühungen mit und kündigte die Übergabe der ersteigerten Dokumente und Objekte an. Sie fand Ende Oktober im Beisein des bayerischen Kultusministers, Professor Hans Maier, in Wahnfried statt.

Ich erinnere mich an die Frage eines Journalisten, der einige Tage zuvor wissen wollte, warum unser Archiv nicht an der Versteigerung teilgenommen habe. Wir konnten ihn beruhigen: Das Wichtigste aus der Burrell-Sammlung lag bereits im Tresor unseres Museums.

Bei einer Pressekonferenz konnte ich feststellen: „Alle Rosinen, die wir uns aus dieser Auktion erhofft hatten, haben wir bekommen." Darunter waren ein 120 Seiten umfassender Kompositionsentwurf zum „Tannhäuser", der erste, 1842 unter dem Titel „Der Venusberg" skizzierte Prosaentwurf zum „Tannhäuser", ferner eine Vorlage für den ersten Druck der „Lohengrin"-Dichtung, der vollständige Prosaentwurf für „Rienzi" und die Partitur zu ersten Teilen der Oper „Die Hochzeit". Daneben Kompositionsskizzen zu „Die Feen" und ein Klavierauszug zu „Das Liebesverbot", überdies eine Kuriosität: eine Reinschrift des Trauer- und Schauerdramas „Leubald und Adelaide", verfasst vom 14j-ährigen Wagner. Für Biografen wichtig waren auch Briefe Wagners an seinen Freund Pusinelli und 115 andere an seine erste Frau Minna.

Die „Morgenbeichte"

Besonders interessiert war ich an einem Brief Wagners an Mathilde Wesendonck, der von ihm so überschriebenen „Morgenbeichte". Ein folgenschweres Dokument, das eine Katastrophe heraufbeschworen hat: Minna Wagner hatte in Tribschen den Boten abgefangen, den Brief geöffnet und ihn als Liebesbrief missverstehen müssen. Der Eklat führte dazu, dass Wagner ein Vierteljahr später das Zürcher Asyl verließ.

Mein Kommilitone bei der Staatsbibliothek hatte Verständnis für meinen Wunsch, den Brief für das Archiv zu ersteigern, obwohl der Preis – 35.000 DM – hoch angesetzt worden war.

Am Tag der Versteigerung musste ich einen Vortrag in Zürich halten. Neugierig fragte ich abends in einem Ferngespräch mit München nach dem Erfolg der Auktion. Die Antwort: „Wir haben alles bekommen". „Auch die Morgenbeichte?" „Ja!" Ich konnte also wenig später die Neuigkeit meinen Zuhörern mitteilen – in jener Stadt, in der die „Morgenbeichte" niedergeschrieben worden war.

Die „As-Dur-Elegie"

Im Dezember 1982 entdeckte der Wiener Diplomkaufmann und Sammler Peter Stiefelmeyer bei der damals 83-jährigen Tochter des Dirigenten, Wally Toscanini, ein Blatt, das er als die originale Niederschrift der „As-Dur-Elegie" erkannte. Eva Chamberlain-Wagner hatte es dem Maestro 1933 geschenkt. Auf der Notenhandschrift selbst hat

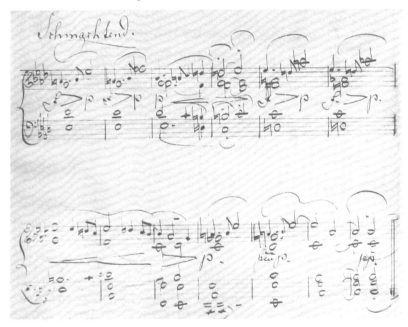

Die „As-Dur-Elegie" Wagners. In den Jahren seiner Zuneigung zu Mathilde Wesendonck entstanden, wurde sie zwei Jahrzehnte später von ihm wieder hervorgeholt und zu einer letzten Liebeserklärung an Cosima ergänzt. Jahrelang von Toscanini als kostbares Geschenk Eva Chamberlains gehütet, kehrte das Blatt nach seinem Tod in das Archiv zurück.

sie am unteren Rand vermerkt: „Widmungsblatt an Mama in die Parsifal-Partitur gelegt. Palermo 25. Dez. 81."

Es ist die letzte auf Papier verewigte Liebeserklärung Wagners an Cosima, die er ihr kurz vor seinem Todestag übergab – ein wortloses, aber dennoch überaus vielsagendes Bekenntnis. Wer die Komposition kennt – mit ihren 13 Takten seine kürzeste überhaupt –, schätzt sie als ein musikalisches Kleinod. Lange Zeit war sie irrtümlicherweise als „Porazzi-Thema" bekannt – ein Versehen, dem auch Otto Strobel, damals Leiter des Wagner-Archivs, zum Opfer gefallen war, als er 1934 ein Foto von diesem Blatt veröffentlichte. Sein Aufsatz enthält allerdings Hinweise auf die denkwürdige Geschichte der Entstehung. Unter Wagners Notenskizzen für den „Tristan" hatte Strobel nämlich ein anderes Blatt entdeckt, das die Vorgänge offenbart:

Schmachtende Fragen an Mathilde?

Bei der Arbeit am Liebesduett im zweiten Akt des „Tristan" 1858 im Zürcher Asyl kommt Wagner ein anderes Thema in den Sinn. Er notiert es mit schwarzer Tinte auf der Rückseite des Arbeitsblattes. Es beginnt mit Motiven, die wie Fragen aufsteigen: Fragen Tristans an Isolde. Oder waren das Fragen Wagners an Mathilde Wesendonck, damals seine große Liebe? Aus „Tristan-Dissonanzen", jeweils mit Forte einsetzend, erheben sich „schmachtend" (so die von Wagner notierte Vortragsbezeichnung) diese Fragen, sie klingen im Piano nicht aus, bleiben gleichsam stehen: beim ersten Mal bang, beim zweiten Mal mit einer um einen Halbton schmerzlich gesteigerten Intensität. Und die beiden folgenden Takte, mit leisen harmonischen Akkorden ansetzende, anschwellende und ausklingende Halbtonfolgen hören sich an wie eine Beruhigung – scheinbar; denn noch drängender, zweifelnd, fast verzweifelnd taucht dann die Frage wieder auf, und noch ein viertes Mal, nun aber um einen Halbton zurückgenommen, auf verzehrende Weise resignierend. Die folgenden beiden Takte mit ihren abfallenden Tonfolgen sind wie die Klage eines Liebenden, der sich in diese Resignation fügt: Eine Elegie. So bleibt diese Notiz stehen, als Fragment ohne eigentlichen Ausklang.

Erst zwei Jahrzehnte später, während der „Parsifal"-Zeit, fällt Wagner dieses Blatt wieder in die Hand, und die Erinnerung muss ihn bewegen; sonst hätte er nicht aufs neue zu Feder und Tinte gegriffen. Er streicht den letzten, achten Takt der Notiz durch und ersetzt ihn durch fünf zusätzliche Takte: Das resignierende Motiv wird zunächst einen Ton tiefer wiederholt, die Melodie hält förmlich an – dann taucht noch zweimal das Fragemotiv auf, nun aber nur noch leise, gleichsam als ferne Erinnerung. Es mündet in einen harmonischen Akkord, lässt sich gewissermaßen ruhig in ihn fallen und klingt so in einem unendlich ruhevollen Pianissimo aus.

Wortloser Dank an Cosima

Wenn die ersten acht Takte Fragen an Mathilde Wesendonck waren: Die Antworten, die jene Frau nicht gab – Cosima hat sie gegeben. War es dies, was Wagner auf diese wortlose Weise sagen wollte, als er die letzten fünf Takte niederschrieb?

Könnte man sie nicht so verstehen, als habe er sich damit von seinen Erinnerungen an Mathilde Wesendonck gelöst. Sie zurücktreten lassen hinter seinem dankbaren Gefühl für die andere Frau, die wusste, wie ihm zu helfen war, und die ihm half. Cosima, der er seine Erinnerungen an Mathilde nun gleichsam zu Füßen legte?

Welch tiefe, auf Cosima bezogene Bedeutung diese Elegie und deren Veränderung hatte – Wagner konnte es ihr verständlicherweise nicht sagen. Sie selbst erzählt nur, dass er ihr am 9. Februar ein Blatt aus alten „Tonschnitzeln" vorgespielt habe, wobei sie Wagners eigene, ironisch abfällige Bezeichnung zitierte; sie fügte nur hinzu: „eine Melodie, die sehr schön klingt".

Vielleicht mehr Gespür hatten Freunde, die am Abend des 12. Februar 1883, am letzten Abend vor Wagners Tod im Palazzo Vendramin, bei ihm zu Gast waren und deren Eindrücke Glasenapp nach Erinnerungen von Augen- und Ohrenzeugen wiedergibt: Nachdem Wagner aus Fouques „Undine" vorgelesen hatte, habe er sich ans Klavier gesetzt und „eine wundervolle Melodie gespielt, die er in diesen Tagen unter seinen Papieren gefunden und die eigentlich in das für

161

Frau Wagner bestimmte Exemplar des ‚Parsifal'-Klavierauszugs mit hatte eingebunden werden sollen."

Was hatte Cosima dabei empfunden? In ihrem Tagebucheintrag über jenen Abend ist weder Wagners Klavierspiel noch jene Melodie erwähnt. Entweder hatte er sich gescheut, ihr die Geschichte und Bedeutung dieser Elegie zu verraten, um nicht alte Wunden seiner von Eifersucht nicht freien Gattin zu berühren. Oder sie hat Bescheid gewusst und das, was andere als so „wundervoll" empfunden hatten, ignoriert. So fällt ein Schatten von Tragik über diese Elegie.

Dass es, nach einem solchen Abend, am anderen Morgen zu einer Auseinandersetzung kam – möglicherweise aus Eifersucht Cosimas wegen einer Nachricht der jungen Engländerin Carrie Pringle, einer „Parsifal"-Blume –, und zu Aufregungen, die bei Wagners höchst gefährdeter Gesundheit verhängnisvoll waren, berührt um so bitterer. In seinen letzten Minuten war Cosima zwar bei ihm. Aber er war sehr allein. Dies gibt seiner letzten musikalischen Widmung, dieser seiner letzten notierten Liebesbezeugung an sie, einen schmerzlichen Beiklang.

Toscanini hatte jedenfalls an Weihnachten einige Heliogravüren davon herstellen lassen und sie an seine engsten Freunde verschenkt. Vom Original hat sich Toscanini nie getrennt. Es befand sich noch lange in einem Metallrahmen unter Glas auch in der Wohnung seiner Tochter an der Via Durini 20 in Mailand, zusammen mit dem Brief von Eva Chamberlain.

Jahre später, im Herbst 1991 – Wally Toscanini war im Mai gestorben – tauchte die Handschrift bei einer Auktion des Hauses Sotheby's in London auf. Stiefelmeyer teilte es mir sofort mit. Er gestand: „Mein Herz hängt an der ‚As-Dur-Elegie'", versicherte jedoch zugleich, daß er das Interesse des Richard-Wagner-Museums respektieren wolle. Als das vom Stiftungsvorstand bewilligte Limit bei der Auktion überboten wurde, ersteigerte er das Blatt selbst – bot es aber dann zum gleichen Preis dem Museum an. Der Stiftungsvorstand willigte ein. Auch dieses faire Verhalten eines Sammlers gehört zur Geschichte dieser „As-Dur-Elegie", deren Originalhandschrift auf diese Weise endlich wieder heimgefunden hat an den Ort, an den sie gehört.

Aus dem Schatten geholt

Unter den Personen, die bislang allzusehr im Abseits gestanden hatten, waren zwei Männer, die dringend aus dem Schattendasein geholt werden mussten. Wagners – nach seinen eigenen Worten – „linker Arm" und sein „rechter Arm": Friedrich Feustel und Hans Richter, der Urdirigent.

Feustel – Wagners Wegbereiter in Bayreuth

„Wenn Not am Mann, muß immer Feustel d'ran": So hat Wagner über diesen Mann gereimt, der eine Ausstellung längst verdient hatte. Ihr folgten dann eine Broschüre und ein Vortrag, den auch der Bayerische Rundfunk gesendet hat. Friedrich Feustel, der Wegbereiter Wagners in Bayreuth, ist eine durch seine denkwürdige Herkunft und Biographie wie durch seine Bedeutung in der Geschichte der Festspiele gleichermaßen herausragende Gestalt.

Er wurde 1824 am Tegernsee geboren, als Sohn einer ledigen Sennerin, Anna Maria Mayr, die Ludwig Ganghofer als Vorbild für die „Modei" in seinem Roman „Der Jäger von Fall" diente. Sie war eine Tochter des letzten Klosterjägers von Tegernsee und eine Nichte jenes Jakob Mayr, der als der „wilde Jäger von Gmund" gefürchtet war und beim Drama um den Wildschützen Jennerwein eine wichtige Rolle spielte. Anna Maria stammte aus dem Angermeierhof am Berg bei Egern, einer heute beliebten Ausflugsstätte.

Sie hatte vier außereheliche Kinder von drei verschiedenen Vätern. Sie muss jedoch erhebliche Vorzüge gehabt haben und war bei allen sehr beliebt. Besucher waren sehr angetan von der häuslichen Ordnung und der Wohlerzogenheit der Kinder.

Als Vater des kleinen Fritz bekannte sich der königliche Gutsverwalter Marcus Feustel. Viele Indizien sprechen jedoch dafür, dass Friedrichs leiblicher Vater der mit Marcus befreundete Prinz Carl von Bayern war, in dessen Jagdrevier der Angermeierhof lag.

Das Verhalten Marcus Feustels zu dem Kleinen war entsprechend merkwürdig: Schon den zweijährigen Buben übergab er seinen beiden in Bayreuth lebenden Schwestern zur Erziehung. Er zahlte ihnen zwar einen achtbaren Betrag, doch besuchte er den Sohn in zwanzig Jahren kein einziges Mal. Er lernte ihn erst als 16-Jährigen kennen, als dieser ihn einmal besuchen kam. Vererbte hat er ihm keinen Pfennig.

Friedrich Feustel besuchte nach der Volksschule das Gymnasium. Auf den Vater eines Mitschülers, den Fabrikanten Sophian Kolb, machte er einen so gewinnenden Eindruck, dass er den 14-Jährigen als Lehrling in das Familiengeschäft aufnahm. Dort bekam Fritz eine sorgfältige Ausbildung und genoß die Zuneigung der Familie. Er lernte mehrere Fremdsprachen und das Flötenspiel. Bereits als Zwanzigjähriger erhielt er die Prokura, und wurde in die Freimaurerloge aufgenommen. Er heiratete Kolbs Tochter Louise.

Später überließ Kolb ihm die Großhandlung. Feustel übernahm noch eine Versicherungs- und Auswanderagentur. Er machte als Geschäftsmann Karriere und zog in das Gemeindekollegium der Stadt ein. Dem er dann 40 Jahre lang angehörte. Geschätzt wurde er vor allem wegen seines Weitblicks und seiner ruhig abwägenden Persönlichkeit. Bewähren konnte er sich außerdem als Herausgeber eines Lokalblattes. Noch nicht 40 Jahre alt, zog er in den Landtag ein. Er wurde Großmeister der Bayreuther Freimaurerloge und gehörte bald auch dem ersten deutschen Zollparlament in Berlin an. 1872 wurde ihm angeboten, das bayerische Finanzministerium zu übernehmen, was er jedoch ablehnte. Nicht zuletzt wegen der Verpflichtungen, die er inzwischen für Wagners Festspielunternehmen übernommen hatte. Im Jahr 1876 zog er als Abgeordneter in den Reichstag ein.

Als Wagner 1871 die Stadtverwaltung offiziell über seine Festspielpläne unterrichtete, war offensichtlich eine ausführliche Geheimdiplomatie mit Feustel vorausgegangen, der dem Angebot des Komponisten rasch zustimmte. Noch oft bewährte sich Feustel als Wegbereiter Wagners. Sein Wirken für die Bayreuther Festspiele kann nicht hoch genug eingeschätzt werden.

Hans Richter, der Urdirigent der Bayreuther Festspiele

Von Hans Richter weiß man gewöhnlich nicht viel mehr, als dass er Richard Wagners erster Festspieldirigent war. Den meisten ist wahrscheinlich nicht bekannt, dass er ein Vierteljahrhundert lang das Musikleben in Wien regierte. Die Philharmoniker betrachteten diese Zeit als eine „goldene Ära". Oder aber dass er dort zwei Symphonien von Bruckner, die dritte Symphonie und die „Tragische Ouvertüre" von Brahms uraufgeführt und Dvořák die Wege geebnet hat.

Seine eigene Musikalität hatte sich schon sehr früh gezeigt. Der Sohn eines Domkapellmeisters und einer renommierten Opernsängerin saß schon mit vier Jahren am Klavier. Als Sechsjähriger sang er im Domchor, mit zehn Jahren konzertierte er als Pianist und vertrat seinen Vater zuweilen an der Domorgel in Raab. Als Sängerknabe und Student lernte er fast alle Orchesterinstrumente und galt als ein virtuoser Waldhornist, bevor er zu Richard Wagner nach Tribschen empfohlen wurde.

Als dessen „lieber Gesell" und Freund der Kinder gehörte er bald zur Familie. Bei der Münchner „Rheingold"-Affäre setzte er als Wagners getreuer Mitverschwörer Kapellmeisteramt und Karriere aufs Spiel. Dennoch war die Beziehung zum „Meister" nicht immer ungetrübt, zumal während der hektischen Festspielproben in Bayreuth, wo Richter aber nach Wagners Worten das „Unmögliche" leistete: Aus zusammengewürfelten Instrumentalsolisten formte er ein Eliteorchester, mit dem er als „Urdirigent der Bayreuther Festspiele" seine bemerkenswertesten künstlerischen Triumphe feierte.

Um die Jahrhundertwende holten ihn die Engländer auf ihre Insel, wo er ein Jahrzehnt wirkte. Als Stardirigent umschwärmt, gefeiert und mit Ehrendoktorwürden bedacht, wurde er auch von G. B. Shaw hochgeschätzt. Elgar verdankt ihm seine Entdeckung und die Uraufführung seiner „Enigma"-Variationen. Richter förderte auch die „Wunderkinder" Eugen d'Albert und Henri Marteau. 1916 starb er in Bayreuth. Er fand neben der Grabkapelle Franz Liszts seine letzte Ruhestätte.

Diese Wege Hans Richters in einer Ausstellung und in einer Broschüre nachzuzeichnen, war nicht zuletzt deshalb unterhaltsam, weil sie von zahlreichen Anekdoten begleitet wurden, die Schlaglichter auf seine vollblütige Musikantennatur, sein sympathisches Wesen und seinen Humor werfen.

Das Franz-Liszt-Museum

Dass wir nach dem „Richard-Wagner-Museum" und dem „Jean-Paul-Museum" am Ende auch noch ein „Franz-Liszt-Museum" einrichten, also das Männer-Terzett unserer „Stadtheiligen" vervollständigen konnten, hatten wir wieder einigen glücklichen Zufällen zu verdanken.

Mitte der 80er Jahre meldete sich der Münchner Pianist und Klavierpädagoge Ernst Burger in unserem Archiv an. Er suchte Bilder und Unterlagen für ein Buch über Franz Liszt. Selbst besaß er schon eine ansehnliche Sammlung von Fotos und Erinnerungsstücken. Trotzdem wurde er bei uns noch fündig. Sein großformatiger Band, der 1986 im List-Verlag erschien, wurde zu einem Paradestück unter seinesgleichen.

Uns beschäftigte seit der Einrichtung des Richard-Wagner-Museums der Wunsch, die viel zu kleine Liszt-Ecke im Zwischengeschoss zu erweitern und womöglich ein Liszt-Museum einzurichten. Ein Gedanke, der auch dem Oberbürgermeister Wild sehr am Herzen lag. Dafür erschien uns das bereits vorhandene Material zu spärlich.

Wir kamen mit einem Gast aus München ins Gespräch. Auf die Frage, ob er uns seine Sammlung verkaufen würde, antwortet er jedoch mit einem entschiedenen Nein. Es bedurfte vieler neuer Versuche, bis er sich 1988 nach jahrelangem Zögern überzeugen ließ, seine Schätze der Stadt zu überlassen.

Eine andere wichtige Voraussetzung war gegeben: Gleich gegenüber von Wahnfried steht ein Gebäude, das sich förmlich anbot: das Sterbehaus Franz Liszts, in dem er 1886 bei seinem letzten Bayreuth-Besuch gewohnt hatte. Besitzer war Dr. Bauer, ein Kinderarzt, mit dem unsere Familie eng verbunden war. Ich sprach ihn auf das Haus an. Wie weit dies dazu beigetragen hat, dass er es bald danach der Stadt verkaufte, weiß ich nicht. Jedenfalls konnten die neuen Mietverhältnisse geklärt und die Renovierungsarbeiten in die Wege geleitet werden. Das Landesamt für Denkmalpflege ließ sich nicht lange bitten. Es verlangte lediglich genaue Pläne für die Einrichtung der Räume und jeder Vitrine.

Die Renovierung des Hauses und die Einrichtung des Liszt-Museums waren das letzte von mir betreute Projekt. Ihm den letzten Schliff zu geben, überließ ich meinem Nachfolger, Dr. Sven Friedrich, der das neue Franz-Liszt-Museum am 22. Oktober 1993 – ich war bereits im Ruhestand – eröffnete.

Das Sterbehaus Franz Liszts, vom Museum nur durch die schmale Wahnfriedstraße getrennt. Hier hatte seine Tochter Cosima ihn bei seinem letzten Bayreuth-Besuch 1886 eingemietet. 1993 wurde das im Erdgeschoss eingerichtete Franz-Liszt-Museum der Stadt Bayreuth eröffnet.

…und kein Ende

Zum Abschied von meinem „Tatort", bevor ich das Richard-Wagner-Museum der Obhut meines Nachfolger Dr. Sven Friedrich übergab, machte der Kritiker Alexander Dick mit mir einen Spaziergang durch Wahnfried. Sein Interview habe ich noch vor mir liegen. („Nordbayerischer Kurier", 22. 4.1993)

Ob es mir nicht schwerfalle, nach zwei Dekaden nun das Ruder abzugeben, wollte er wissen. Ich verneinte „entschieden", wie er schrieb. Gar so entschieden, wie ich vorgab, war mir zwar – offen gesagt – nicht zumute; aber was ich, von ihm zitiert, hinzugefügt hatte, war ernst gemeint: „Ich finde, dass es Zeit ist für mich, zu gehen. Die Zeit des Unkrautjätens ist vorbei."

Stabwechsel in Wahnfried im April 1993. Oberbürgermeister Dr. Dieter Mronz bei der Verabschiedung von Dr. Manfred Eger mit dessen Nachfolger Dr. Sven Friedrich im Siegfriedhaus.

Wichtig fand ich auch, dass er mein Motto „Fakten und Fairness statt Kult und Weihe" zitierte und bezeugte, was wissenschaftliche Genauigkeit und vorurteilsfreie Forschung für mich bedeuteten, und weil unsre Einrichtung samt ihrer Arbeit immer mit Argwohn betrachtet worden waren. Und mir gefiel, dass er mit der Erwähnung einiger Anekdoten auch dem Humor nichts schuldig blieb, der als unsichtbares Fluidum zu diesem Haus gehörte.

Gar so leicht fiel es mir es mir nicht, Abschied zu nehmen von diesem Museum, für das ich getan hatte, was ich hatte tun können, und das ich in einem Zustand wusste, wie er unter den damaligen Voraussetzungen zu erreichen war.

Den Wechsel empfand ich gar nicht als Zäsur. Anstatt im Büro saß ich nun daheim an meinem Schreibtisch und hatte endlich Zeit, manches zur Hand zu nehmen, was ich hatte liegen lassen müssen.

Wagner und die Juden

Dieses Thema habe ich bisher nur beiläufig erwähnt, obwohl es mir wichtig war und für eine faire Beurteilung Wagners bedeutsam ist. Doch die Beschäftigung mit dieser Frage wirkte sich erst lange nach meiner Dienstzeit in einer epochalen Weise aus.

Begonnen hatte es mit einem geplanten Vortrag. In seinem berüchtigten Aufsatz „Das Judentum in der Musik" hat Richard Wagner den jüdischen Komponisten samt und sonders leidenschaftsloses, unproduktives Nachäffen und Schlimmeres vorgeworfen. Um so sonderbarer und provokanter hätte der Titel des geplanten Vortrags über seine „jüdischen Lieblingskomponisten" anmuten müssen.

Wagners Pamphlet zielte speziell auf Meyerbeer und dessen Oper „Der Prophet" ab, obgleich er beide nicht beim Namen nennt. Über Mendelssohn äußerte er sich dort differenzierter, in späteren Bemer-

Aufmerksame Betrachter der Ausstellung „Wagner und die Juden", die 1984/ 1985 im Verbindungsraum zwischen Wahnfried und dem Siegfriedhaus gezeigt wurde. Auch jüdische Besucher empfanden sie als beeindruckend. 1989 wurde sie zum Anlass des gleichnamigen internationalen Symposions in Bayreuth.

kungen mehr und mehr anerkennend, und dessen „Hebriden"-Ouvertüre hielt er für „eines der schönsten Musikstücke, die wir besitzen". (Schriften, Bd. 10, S. 49)

Uneingeschränkte Bewunderung brachte er Halévy entgegen, dessen jüdische Abstammung ihn nie kümmerte. Vor allem bewunderte er seine Oper „Die Jüdin", über die Wagner sagte, sie sei der beste Ausdruck jüdischen Wesens; sie habe ihm nach zeitweiligen Geschmacksverwirrungen den Sinn für saubere Musik wiedergegeben (Cosima-Tagebücher, 27.6.1881). Partitur und Klavierauszug der beiden Werke von Mendelssohn und Halévy befanden und befinden sich noch heute in seiner Wahnfried-Bibliothek.

Der geplante Vortrag war als ein Versuch gedacht, zur Klärung von Wagners widersprüchlichem Verhältnis und Verhalten zu jüdischen Komponisten beizutragen.

„...sonst schlagen mich die Wagnerianer tot"

Was Giacomo Meyerbeer betrifft, den Wagner selbst einst attackiert hatte, so berichtet Siegfried Ochs in seinem Buch „Geschehenes, Gesehenes", was die Frau des Reichskanzlers Bernhard Fürst von Bülow, Tochter des italienischen Staatsmannes Minghetti, über einen Abend erzählt hatte, an dem Richard Wagner bei ihren Eltern eingeladen war: „Im Laufe der Unterhaltung hatte Wagner davon gesprochen, daß er tags vorher von einer Opernvorstellung tief ergriffen gewesen sei und diese lange nicht vergessen werde. Auf die Frage, was er denn gesehen habe, antwortete er zunächst ausweichend, dann aber rückte er mit der Sprache heraus: ‚Ich will es Ihnen verraten, wenn Sie mir versprechen, nicht davon zu reden. Also, ich war gestern Abend in den Hugenotten und bin von dem vierten Akt geradezu erschüttert gewesen. Aber ich flehe Sie an, daß Sie es nicht weitererzählen; sonst schlagen mich die Wagnerianer tot.'"

Die Ausstellung

Zur Ausarbeitung des geplanten Vortrags über Wagners jüdische Lieblingskomponisten kam es nicht. Der Titel wäre allzu irritierend gewesen. Schließlich war Wagner als Antisemit verrufen. Wir wollten nicht den Anschein erwecken, als versuchten wir, ihn von diesem Vorwurf gänzlich zu entlasten. Andererseits wollten wir aber auch jene Fakten an die Tafel heften, welche die andere Seite seines zwiespältigen Verhaltens belegen. So wagten wir 1984 eine Ausstellung „Wagner und die Juden".

Eines will ich hervorheben: Nie hat mir jemand, weder der Oberbürgermeister noch Wolfgang Wagner oder sonst ein Mitglied des Stiftungsrates, vorgeschrieben, welches Thema ich bei einer Ausstellung behandeln solle oder dürfe. Ich hatte immer völlig freie Hand, auch in diesem Fall. Wolfgang Wagner äußerte später in einem Interview, dass er diese Ausstellung zwar nicht angeregt habe, aber mit ihr völlig sympathisiere.

Sie fand in der deutschen und ausländischen Presse ein weites und positives Echo und wurde auch von jüdischen Publizisten als Versuch einer objektiven Darstellung gewürdigt. Wagners Judenfeindschaft wurde keineswegs beschönigt, auch seine bedenklichsten Ausfälle waren zitiert. Andererseits wurde auch auf seine persönlichen Freundschaften zu Juden hingewiesen und auf seinen Ausspruch: „Wenn ich noch einmal über die Juden schriebe, würde ich sagen, es sei nichts gegen sie einzuwenden." Deutlich wurde auch, dass der unmittelbare Anlass für Wagners berüchtigten Aufsatz über „Das Judentum in der Musik" die außergewöhnlich breite Pressewerbung für Meyerbeers Oper „Der Prophet" war.

Das sorgfältig recherchierte Material führte die wesentlichen Fakten anschaulich und überzeugend vor Augen. Es regte dazu an, verbreitete Vorurteile und Unterstellungen zu überprüfen. Den Bemühungen monomaner Eiferer, die in Wagner die Ursache für Hitlers Judenhass und einen Propagandisten für Auschwitz sehen wollten, wurden Tatsachen gegenübergestellt, die den Spielraum oberflächlicher oder absichtsvoller Missdeutungen künftig erheblich eingrenzten.

„Ein Plädoyer für die Wahrheit"

„,Wagner und die Juden' verschweigt nichts, umschreibt nichts", schrieb Gerhard Hellwig im „Südkurier", Konstanz. „Diese Ausstellung [...] kann nicht reinwaschen; dafür hat das Musik-Genie zu schrill seinen Antisemitismus von sich gegeben. Das, was in ‚Wahnfried' zu sehen ist, will aber ein Plädoyer für die Wahrheit sein. Und damit bekommt das Bild Wagners genauere Farbe, der Interessierte höhere Einsichten. Schonungslose Aufrichtigkeit – sie nimmt den notorischen Kritikern die Spitze ihres Speeres, sie macht sogar betroffen. Manch einer dürfte die Steine, die er werfen möchte, wieder fallen lassen."

In der „Neuen Tiroler Zeitung", Innsbruck, las man: „Das Wagnis des Museumsleiters Manfred Eger, dieses heiße Thema zu diskutieren, fand ein unerwartet großes nationales wie internationales Echo. Knapp 10 000 Besucher wurden in den ersten fünf Wochen gezählt."

Urteile jüdischer Autoren

„Der erste Versuch des Bayreuther Establishments, das Problem anzugehen und zu einer historischen Darstellung beizutragen." (*Henry Kamm, „New York Times"*)

„Die Ausstellung – gerade an diesem Ort – ist nicht nur eine lobenswerte, sondern hoffentlich auch eine erfolgreiche Idee; die Besucherzahl beweist ein großes Interesse an diesem Thema." (*Michael Brenner, „Allgemeine Jüdische Wochenzeitung", Düsseldorf*)

„I read with great interest the story about the Wagner Museum and the exhibit currently on display. My compliments to you for your initiative, particularly at this time." („Ich habe mit großem Interesse den Bericht über das Wagner-Museum und die laufende Ausstellung gelesen. Mein Kompliment für Ihre Initiative, besonders in dieser Zeit." *Rabbi Norman R. Patz, New Jersey, 12.8.1984)*

„Wir waren sehr beeindruckt. Ich nehme Anlaß, Sie zu der Ausstellung und der hervorragenden Broschüre darüber und überhaupt zur Gestaltung des Museums zu beglückwünschen. Es ist bezeichnend, daß Einsprüche gegen Wagner zumeist von Menschen geübt werden, die keine Ahnung von Stoff und Werk und oft überhaupt keine Beziehung zur Musik haben." (*Yehuda Cohen, Tel Aviv, 4. 6.1987)*

„Diese Ausstellung hat auf mich einen tiefen Eindruck gemacht und ich habe mir sofort Ihr Dokumentationsbuch gekauft." (*Henry D. Isaac, New York, 3. 9. 1986)*

„Ich bedaure, daß die ‚augenblicklichen Machthaber' es immer noch für angebracht hielten, Wagner nicht aufzuführen. Natürlich sind noch Menschen unter uns, die das gesamte musikalische Schaffen Wagners aus dem FF kennen – und lieben. Es ist bekannt, daß gerade das deutsche Judentum zu den getreuesten Anhängern zu zählen war [...]. Ich bin sehr stolz, daß ein Barenboim dem Genius Wagner dienstbar ist." (*James Springer, Ramat-Gan, Israel, 24.1.1989*)

Am 2. 4.1989 schrieb er: „In wenigen Tagen habe ich die Broschüre einige Male durchgelesen. Besondere Anerkennung verdienen alle – besonders Sie, verehrter Herr Eger, die am Zustandekommen der Ausstellung und der Broschüre teilgenommen haben. Ich vermute, daß Sie der Hauptbeteiligte sind – dafür Dank. Besonderes Lob verdient die Ehrlichkeit, mit der man der Wahrheit diente."

Das epochale Echo aus Israel

Die Ausstellung hatte einen unerwarteten Erfolg, wie ihn sich ein Museum nicht schöner wünschen konnte. Was wir damals nicht zu hoffen gewagt hätten, wurde einige Jahre später spektakuläre Wirklichkeit: Angeregt durch die Ausstellung erreichte der israelische Komponist und Musikhistoriker Ami Maayami, Autor der ersten in israelischer Sprache erschienenen Wagner-Biografie, dass die Universität Tel Aviv 1998 ein internationales wissenschaftliches Bayreuther Symposium mit Autoren aus Israel, den USA und Deutschland veranstaltete. Die Schirmherrschaft hatte Bundespräsident Roman Herzog übernommen. Getragen wurde die Tagung von der Howard Gilman Israel Culture Foundation und der Richard-Wagner-Stiftung. An der Eröffnung nahmen auch der israelische Botschafter in Bonn Avi Primor, der Vorsitzende des Zentralrates der Juden in Deutschland, Ignaz Bubis, der Präsident der Universität Tel Aviv, Yoram Dinstein, der bayerische Kultusminister Hans Zehetmair, Festspielleiter Wolfgang Wagner und Bayreuths Oberbürgermeister Dr. Dieter Mronz teil.

Bei der Tagung kamen zwar auch Autoren wie der US-amerikanische Historiker Paul Rose zu Wort, der äußerte, er könne keine Fotos von Bayreuth mehr sehen, ohne an den Holocaust zu denken. Wagners Idee von der „Erlösung" der Juden interpretierte er nur als „Endlösung". Verständlich, dass Rose bei den anderen, weniger an dumpfen Klischees als an Fakten interessierten Referenten Protest provozierte. Ohnehin gerieten derlei Bekenntnisse im Zug der anderen, wissenschaftlich fundierten Referate rasch ins irrelevante Abseits.

Wagner-Symposion „epochales Ereignis"

BAYREUTH (RNT/gdm). Sechs Tage lang diskutieren anerkannte Wissenschaftler aus Israel, Amerika, England, Frankreich und Deutschland in Bayreuth über das Thema „Wagner und die Juden". Bayreuths Oberbürgermeister Dieter Mronz: „Ein epochales Ereignis." Der Botschafter Israels in der Bundesrepublik, Avi Primor, nannte dieses hochkarätig besetzte, wissenschaftliche Symposion, das von Professor Ami Maayani (Tel Aviv), Autor der ersten Wagner-Biographie in hebräischer Sprache, angeregt worden war, in einem KURIER-Interview „ein Erlebnis" und ein „Novum".

Der Vorsitzende des Zentralrates der Juden in Deutschland, Ignatz Bubis, zeigte sich bei der Eröffnung der wissenschaftlichen Zusammenkunft erfreut darüber, daß mehr als 50 Jahre nach dem Holocaust die Bereitschaft, sich mit der Vergangenheit auseinanderzusetzen, eher zu- denn abnehme.

Der Präsident der Universität Tel Aviv, Professor Yoram Dinstein, sprach sich dafür aus, das teilweise noch existierende Aufführungsverbot für Wagnersche Musik aufzuheben: „Wir bestrafen uns selbst für Wagners Antisemitismus."

Pressenotiz im „Nordbayerischen Kurier" vom 7.8.1998 zum Auftakt des Wagner-Symposions in Bayreuth, das durch die Ausstellung „Wagner und die Juden" in Wahnfried angeregt worden war, wie sein Initiator Prof. Ami Maayani feststellte („It was the beginning").

Wer während der Ausstellung in Wahnfried erlebt hat, wie sachlich und unbefangen man gerade mit jüdischen Besuchern und Kritikern diskutieren und korrespondieren konnte, war nicht mehr überrascht von der verständigen Aufgeschlossenheit, von der die Atmosphäre der Tagung bestimmt war.

In den Jahren seit der Ausstellung in Wahnfried hatten prominente jüdische Wissenschaftler und Autoren wie Yehuda Cohen, Peter Gradenwitz, James Springer oder Jakob Katz in Briefen immer wieder für eine sachliche Sicht der Problematik plädiert, einige auch den Boykott Wagners in ihrem Land bedauert und ihre Hoffnung auf eine Änderung dieser Einstellung geäußert. Sie verurteilten den Wagner'schen Antisemitismus, setzten ihn jedoch entschieden von Hitlers mörderischen Judenhass und seinen Folgen ab.

Das Erfreuliche und Ermutigende an dieser Tagung war, dass diese Einstellung nun als gleichsam offiziöse Bekundung einer geistigen israelischen Elite offenbar wurde.

„O yes, it was the beginning"

In einem Gespräch mit Ami Maayani während einer Vortragspause drückte ich ihm meine Freude über das Zustandekommen dieses Treffens aus und bemerkte, ich hätte mir nie erträumt, dass unsere Ausstellung in Wahnfried einmal ein so außergewöhnliches Echo finden würde. „O yes!" sagte er, „it was the beginning."

Um so mehr wunderte ich mich darüber, dass unsere Ausstellung in Wahnfried während des Treffens nicht erwähnt wurde, obwohl sogar der jüdische Publizist Henry Kamm in der „New York Times" sie – wie zitiert – gewürdigt hatte. Wolfgang Wagner entschuldigte sich zwar in einer Pause bei mir, dass er in seiner Begrüßungsansprache eigentlich auf die Ausstellung habe hinweisen wollen, zeigte mir auch den dafür vorbereiteten Text, den er aber wegen eines anderen Diskussionsthemas habe ändern müssen.

Auch in der zwei Jahre später erschienenen Dokumentation „Wagner und die Juden" (Metzler Verlag), in der die Referate veröffentlicht sind, wird unsere gleichnamige und titelgebende Ausstellung verschwiegen. Der frühere Pressechef der Festspiele, Oswald Georg

Bauer, hat dies bei der Buchpräsentation ausdrücklich bedauert, was ich ihm nicht vergessen habe.

Wie Prof. Dieter Borchmeyer und Prof. Susanne Vill das Symposion organisiert hatten, war zweifellos anerkennenswert. Dass sie aber die Ausstellung in Wahnfried so absichtsvoll verschwiegen, damit haben sie dem Museum keinen Gefallen getan.

Hartnäckige Irrtümer

Als ich sagte und glaubte, die Zeit des Unkrautjätens sei nun vorbei, irrte ich sehr. Auch im Ruhestand gab es – und gibt es – in diesem Garten noch einiges zu tun. Jahrelang, um ein Beispiel herauszugreifen, trieb hier noch immer ein kapitaler Irrtum seine Blüten:

Die Mär vom gestohlenen Tristan-Akkord

Beim Einrichten einer Vitrine des Liszt-Museums wies ich, auf die Blamage einiger Forscher hin, die mich zu Aufsätzen und zu einer Sendung veranlasst hatte, und um deren Anlass es erst später stiller wurde, nachdem auch in der Zeitschrift „Die Musikforschung" (Jg. 1999, Heft 4, S. 436) ein Beitrag von mir erschienen war.

Zu den beliebtesten Pfeilen ganzer Generationen von Gegnern Wagners gehörte der Vorwurf, dass er den sagenhaften Tristan-Akkord von Liszt gestohlen habe. Tatsächlich taucht dieser Akkord schon in dessen zehn Jahre zuvor konzipiertem Lied „Ich möchte hingeh'n" auf. Der renommierte Liszt-Biograf Peter Raabe hat darauf hingewiesen, und zahllose andere Autoren haben den Plagiatsvorwurf begeistert übernommen, bis in die jüngste Zeit. Arthur Seidl folgerte: „Liszts Bedeutung wächst damit sofort ins Riesenhafte."

Gedruckt wurde das Lied aber in Wahrheit erstmals nach dem „Tristan". Zuvor hatte Liszt in seinem früheren Entwurf einen Takt gestrichen und einen Zettel darübergeklebt. Auf ihm hatte er den Akkord notiert. Und erst mit dieser Korrektur wurde das Lied 1859 veröffentlicht – nachdem Liszt sich bei Wagner bereits für eine „himmlische Weihnachtsüberraschung" bedankt hatte: für einen Druckbogenabzug des ersten „Tristan"-Aktes!

Als eine Geste dieser Dankbarkeit ist das Zitat des Akkords im Lied zu verstehen. Daß es in wesentlichen Kleinigkeiten vom eigentlichen Tristan-Akkord abweicht – bei Liszt fehlt in der Altstimme das Kreuz vor dem „d" –, dass aber kein Wagnergegner diesen entscheidenden Unterschied erwähnt hat, ist eine Pointe für sich.

Ein besonders eklatantes Beispiel dafür, wie ein Missverständnis, durch die mangelnde Sorgfalt eines renommierten aber nicht vorurteilslosen Forschers entstanden, durch Generationen gleichgesinnter Wagner-Skeptiker weitergegeben und zementiert wurde, bevor es sich als Irrtum erwies.

„Verrückungen von Fakten"

Bei intensiverer Lektüre wurde mir deutlich, wie weitreichend das negative Wagnerbild mancher Kreise von Nietzsche beeinflusst und geprägt worden war. Ein Beispiel liefert Thomas Mann in der Zeit, bevor er seine beiden großen Wagner-Essays schrieb.

Dass Wagners sagenhafter Tristan-Akkord (oben) von Franz Liszt erfunden worden sei, wurde scheinbar bestätigt durch einen Takt aus dessen Lied „Ich möchte hingehn" (unten), das schon zehn Jahre zuvor entstanden war. Gedruckt wurde es aber erst, nachdem Liszt sich für den „Tristan" bedankt und den Akkord in die Druckvorlage einkorrigiert hatte.

Immer deutlicher wurde mir, wie ungeniert Nietzsche manchmal mit der Wahrheit umgegangen war, auch auf Kosten Wagners. Was Professor Dieter Borchmeyer, ein treuer Anwalt des Philosophen, fein definiert als „stilisierende Verrückung von Fakten" („Richard Wagner. Ahasvers Wandlungen", B, S. 456) hatte den späten Thomas Mann zu dem lapidaren Fazit veranlasst: „Wer ihm glaubt, ist verloren." (Manfred Eger, „Nietzsches Bayreuther Passion", Freiburg, 2001, E, S. 401)

In Büchern Hanslicks fielen mir Vorwürfe gegen Wagner auf, die ich ähnlich aus Aufzeichnungen Nietzsches in Erinnerung hatte. Bei genauerem Lesen und Vergleichen machte ich eine Entdeckung, über die ich 1994 bei einem Symposion der Stiftung Weimarer Klassik referierte („Zum Fall Wagner Nietzsche/Hanslick", gedruckt 1999 in „Entdecken und Verraten", hgg. von Dr. Rüdiger Schmidt und Andreas Schirmer). Was die Nietzsche-Forschung bis dahin übersehen hatte: Viele Ausfälle Nietzsches gegen Wagner gehen auf Einfälle Hanslicks zurück. Allein in dessen Sammelband „Musikalische Studien" finden sich mindestens dreißig Begriffe, Wendungen oder Gedanken, die bei Nietzsche wörtlich oder in Umformungen wiederkehren (E, S. 320).

Auch die auf Wagner zielenden Schmähungen, als Schauspieler, Lügner und Betrüger, als Hanswurst, Demagoge und als eine Krankheit hat Nietzsche von Hanslick übernommen.

Die Liste „Richard Wagner in Bayreuth" von 1874 (Friedrich Nietzsche, Sämtliche Werke, Kritische Studienausgabe von Colli/ Montinari, Bd. 7, S. 760) bezeichnet Borchmeyer als „Vorstudien" zur Festschrift. In Wahrheit handelt es sich um Aufzeichnungen für eine geplante Abrechnung mit Wagner. Dessen Bayreuth-Projekt schien damals gescheitert und mit ihm auch Nietsçcdarauf gegründete persönliche Ambitionen: 1872 hatte Wagner ihn als „Reformator des deutschen Bildungswesens" angekündigt und ihm diese Bestimmung als „Aufgabe eines ganzen Lebens" auf die Schultern gelegt, zum Stolz des Jüngeren, der sich mit seinen Freunden schon zu den „Bischöfen und Würdenträgern Bayreuths" zählte (E, S.133, 140).

Nun aber moduliert Nietzsche auch andere Ausfälle Hanslicks, wenn er schreibt: „Keiner unserer großen Musiker war in seinem 28ten Jahr ein noch so schlechter Musiker wie Wagner" oder „Die Musik ist nicht viel werth, die Poesie auch (nicht)", wenn er von „Exzessen in dem Tristan der bedenklichsten Art" spricht und bekennt: „Was geht uns ein Tannhäuser Lohengrin Tristan Siegfried an!" Wenn er Wagners Musik abtut als „Mittel des Ausdrucks", und mit seinem Zitat über die „Bewegung von Tönen", schöpft er direkt aus dem Vokabular Hanslicks.

1876, nachdem das Festspielprojekt wieder gesichert ist, greift Nietzsche den Titel der Liste wieder einmal auf, aber diesmal nicht mehr für eine Schmäh-, sondern für seine Festschrift!

Richard Wagner in Bayreuth.

1. Ursachen des Misslingens. Darunter vor allem das Befremdende. Mangel an Sympathie für Wagner. Schwierig, complicirt.
2. Doppelnatur Wagner's.
3. Affect Ekstase. Gefahren.
4. Musik und Drama. Das Nebeneinander.
5. Das Präsumptuöse.
6. Späte Männlichkeit — langsame Entwicklung.
7. Wagner als Schriftsteller.
8. Freunde (erregen neue Bedenken).
9. Feinde (erwecken keine Achtung, kein Interesse für das Befehdete).
10. Das Befremden erklärt: vielleicht gehoben?

Motto: — — —

Der Titel „Richard Wagner in Bayreuth" taucht schon zwei Jahre zuvor als Überschrift einer geplanten Schmähschrift auf, wie diese Kopie aus der Ausgabe von Colli/Montinari zeigt (Band 7, S. 756). Wagners Bayreuther Festspielvorhaben schien damals gescheitert. Nietzsche notierte in jenem Frühjahr viele Schelte aus Hanslicks Kritiken, dessen Namen er bei diesen Notizen nicht ein einziges Mal nannte. Als die Festspiele 1876 doch noch zustande kamen, verbarg Nietzsche diese Notizen in der Schublade – bis auf den Titel, den er für die Festschrift umfunktionierte. Die Aufzeichnungen selbst holte er für spätere Schmähschriften wieder hervor.

UNZEITGEMÄSSE

BETRACHTUNGEN

VON

DR. FRIEDRICH NIETZSCHE,

ORDENTL. PROFESSOR DER CLASSISCHEN PHILOLOGIE
AN DER UNIVERSITÄT BASEL.

VIERTES STÜCK:
RICHARD WAGNER IN BAYREUTH.

Bayreuth 27 (15) Juli 1876.

SCHLOSS-CHEMNITZ.
VERLAG VON ERNST SCHMEITZNER.
1876.

London E. C.: F. Wohlauer.

„Richard Wagner in Bayreuth": Nietzsches vierte „Unzeitgemäße Betrachtung", seine Festschrift zu den ersten Bayreuther Festspielen 1876. Wagners spontaner Dank war verfrüht. Denn neben sprachlich genialen Würdigungen tauchen Wendungen auf, die Wagner als „Deuter und Verklärer einer Vergangenheit" abtun, nicht aber als „Seher einer Zukunft", als den Nietzsche insgeheim sich selbst sieht.

Viele Untugenden, die er Wagner ankreidet, praktiziert Nietzsche selbst. Die „Lust am geistigen Anschmecken", die er dem Bayreuther nachsagte (nach B, S. 449), wurde für ihn selbst zur Sucht, das Adaptieren zur Methode. Anleihen, sogar Titel und Schlagworte übernahm er insgeheim von Novalis, Schlegel, von den Griechen, den Indern, von Baudelaire und den französischen Moralisten, von Plato, Schopenhauer, Goethe, Bourget und Wagner – sogar von seinem Adlatus Köselitz, von Hanslick gar nicht zu reden (E, S. 335 ff.).

Eine Lieblingslegende Borchmeyers lautet, dass der Schmerz über Wagners Tod Nietzsche „buchstäblich aufs Krankenbett geworfen" habe (B, S. 460). Das hat Nietzsche selbst aber nie behauptet. Er war schon vorher krank und deprimiert gewesen; den Tod Wagners empfand er sogar als „Erleichterung" (E, S. 211 ff.).

Die „Sternenfreundschaft", Nietzsches beeindruckendes Prosagedicht, das Borchmeyer wie ein Amen zu zelebrieren pflegt (B, S. 455), verliert einiges von seinem Nimbus, wenn man feststellen muss, dass die hier geäußerten Gedanken aus Emersons Essay über die Freundschaft stammen. Das verrät der Chronist nicht, auch nicht, dass Nietzsche dem toten Sternenfreund Wagner später wünschte, er hätte „im Zuchthaus sterben sollen" (E, S. 314).

Alle diese Einsichten veröffentlichte ich in der Publikation „Nietzsches Bayreuther Passion". Borchmeyer urteilte darüber: „…das denunziatorische Buch eines Wagnerianers der fundamentalistischen Observanz" (B, S. 596 f. Fußnote 3). Aber Irrtümer und Lügen zu entlarven und zu korrigieren, ist für jeden korrekten Wissenschaftler eigentlich ein selbstverständliches Gebot. Auch als einem ehemals professionellen Wagnerianer ist es mir erlaubt, Wagner gegen Nietzsches Diffamierungen zu verteidigen, ohne dass mir dies als „Denunziation" angekreidet und mir eine „fundamentalistische Observanz" vorgeworfen wird.

Andere Nietzsche-Experten, darunter japanische und dänische Professoren, sind über mein Buch anderer Meinung. Christian Berger von der Universität Freiburg schreibt: „Ihr kompetenter Zugriff auf die historischen Quellen ist beeindruckend […]. Es geht vor allem um unser Verständnis Nietzsches, dessen Texte sich uns vor dem Hintergrund dieser tiefgreifenden biographischen Erfahrungen und Auseinandersetzungen in neuem Licht erschließen [...]. Ein Text, der alle, die sich genauer mit Nietzsche und seinem Werk beschäftigen, vor neue Tatsachen stellt."

Professor Jorgen Kjaer, Universität Aarhus, meint, „daß die in Ihrem Manuskript vorgetragenen Gesichtspunkte und Analysen von größter Wichtigkeit sind, nicht nur, weil Sie damit zur Richtigstellung der Beziehung und des Bruches Nietzsches mit Wagner einen entscheidenden Beitrag gegeben haben, an dem man in Zukunft nicht wird vorbeikommen können, sondern auch weil Sie Probleme, die für das Verständnis von Nietzsches Werk und Leben von größter Bedeutung sind, erhellen."

Weiter in ihrer Nietzsche-Kritik gingen drei Kommentatoren in bedeutenden Blättern. In der „Süddeutschen Zeitung" vom 24./25.11.2001 stellte Rüdiger Schmidt fest: „Nietzsche wird nicht mehr derjenige sein, der er hundert Jahre lang war [...] Jenen Nietzsche […] hat es nie gegeben." Auf derselben Seite folgert auch Ulrich Raulff: „Wir erleben jetzt [...] den Augenblick einer radikalen Dekonstruktion des Autors Nietzsche." Und in der „Frankfurter Allgemeinen Zeitung" vom 19.3.2002 zieht Henning Ritter das Fazit: „Es kann uns nicht mehr Ernst sein mit dem, was er sagt."

Diese drei Äußerungen beziehen sich zwar nicht auf mein Buch, sondern auf eine später erschienene neue Nietzsche-Gesamtausgabe von Marie-Louise Haase und Michael Kohlenbach. Aber sie entsprechen weitgehend dem Tenor meines Buches, welches den Publizisten vielleicht bekannt war.

Fairerweise darf man sagen, dass die zuletzt zitierten Kritiker Nietzsche etwas schuldig blieben: die Erwähnung einer Gabe, die für mich sein eigentliches und bleibendes Faszinosum ausmacht: sein blendendes Sprachgenie.

Nachwort

Den Anstoß zu diesem Buch verdanke ich dem jungen Journalisten Florian Zinnecker. Er hatte eigentlich nur nach Unterlagen für eine Diplomarbeit über die Gedenkstätte und das Richard-Wagner-Museum gesucht. In meinem eigenen privaten Archiv fand ich wenig, was für eine wissenschaftliche Dokumentation brauchbar schien, statt dessen mehr und mehr Aufzeichnungen über persönliche, meist heitere Erinnerungen, die sich nach und nach wie Mosaiksteine zusammenfügten und manches aus den Nebeln des halb Vergessenen zutage föderten. Darüber habe ich den jungen Kollegen laufend mit CDs informiert, was ihm allerdings nicht weiterhalf. Doch mittlerweile hatte sich bei mir ein Sammelsurium von Erinnerungen angesammelt, das recht unterhaltsam war. Hinzu kam die akute Diskussion über einen Neubau des Richard-Wagner-Museums und die neuen Pläne für Wahnfried, sodass sich ein Band als Abgesang für die beendete Ära anbot. Der Verleger Wolfgang Ellwanger hat diese Chance wahrgenommen und das Erscheinen dieses Bandes gleichsam als „Lückenbüßer" für zwei museumslose Festspielzeiten ermöglicht. Ihm und seinen Mitarbeitern, vor allem Frau Elke Meyer-Höreth, gebührt deshalb ein weiterer Dank, auch meinem Amtsnachfolger Dr. Sven Friedrich, der den kostenlosen Druck der Illustrationen genehmigte, und seiner Mitarbeiterin im Bildarchiv, Dr. Gudrun Föttinger, ferner den in gleicher Weise hilfsbereiten Leiterinnen der Festspiele, Eva Wagner-Pasquier und Katharina Wagner sowie deren Pressechef Peter Emmerich. Für die Korrekturen bin ich wieder Dr. Michael Benedetti und vor allem meiner Tochter Ulla sehr verbunden.

Dr. Manfred Eger

Inhaltsverzeichnis

Vorwort 3
Die Gedenkstätte am Glasenappweg 9
   Abschied vom Reliquienkult 11
   Resolute Entrümpelung 12
   Das halbierte Treppenhaus 12
   Ein verwirrendes Angebot 15
   Die „Richard-Wagner-Stiftung Bayreuth" 19
   Weichenstellung für Wahnfried 20
   Das Wagner-Archiv 21
   „Fakten und Fairness" 22
   Denkstätte 23
Winifred 24
   „Wieso Dame?" 24
   „Von imposanter Unverfrorenheit" 28
   Dank von Eugen Jochum 29
   Der schottische Nibelungenmarsch 30
   Onkel Max 31
   Bekanntschaft mit St. Bürokratius 33
   Lahmgelegte Langfinger 34
Verwirrungen um den „Friedthjoff" 35
Die Tabulatur 37
„Hier soll doch Kitsch sein?" 40
   „Schwangerschaftsmusik" mit „Milchdrüsen- oder Lusttriolen" 41
   „Floßhildensuppe mit Alberich-Einlagen" und „Erda-Äpfel" 43
   Wegweiser für die Tasche 45
Kein Ort für Weihrauch 46
   Die Schmidhammer-Figurinen 47
   Fünf Kisten aus Tokio 48
   Das Modell zu Wielands legendären „Meistersingern" 49
Umzug ins Chamberlainhaus 50
   „Brauchen Sie auch Kohletabletten?" 50
   Ein Fall von PSI 52

Wahnfried **55**
   Beistand aus München 61
   Wettlauf gegen den Kalender 62
   Nichtraucher 63
   Wagners Wiener Schuldenbrief 64

Nur ein halbes Museum? **65**
   Das Königszimmer 65
   Die millimetergenaue Tabulatur 66
   Wie groß war Richard Wagner? 66
   Neues Design für die Bühnenbildmodelle 67
   Ein Tresor mit Tücken 67
   Vier Tage und vier Nächte 68
   Das spannende Finale 69

Der Festakt zur Eröffnung **71**
   Winifred nur als Zaungast 72

„Fantastico!" **74**
   „…und beginne endlich, Wagner kennen und lieben zu lernen" 79
   „Bitte berühren!" 80
   Museum des Jahres? 80
   Der Spitzbub 81
   „Klingende Wegweiser" als Lotsen 82
   Führungen 83

Der andere „Meister von Bayreuth" **85**
   Jean Paul als musikalischer Geburtshelfer Schumanns 88

Der Schwank mit dem Schrank **90**
   Friedelind und Verena 90
   Unser Festspielzirkel 94

Das Kitsch-Kabinett **96**

Wagners Strohhut für Richard Burton **98**
   Haus Wahnfried bei Baden-Baden 102

Rund um das „Klingende Museum" **103**
   Die neue Anlage 104
   Misstöne 106
   Eine kleine Bosheit 107
   „Halt lieber mal es Maul" 109

„Eine furchtbare Familie" 111
„Zum Kunden taugt kein Toter" 111
Wieland Wagners „Eule" 113
Patrice Chéreaus und Bryan Larges „Ring" 115
Der Segelflieger und sein Flügel 116
Jorge Bolet und sein junger blinder Fan 116
Im Siegfriedhaus 118
Die Bibliotheken in und um Wahnfried 121
Die „Dresdner Bibliothek" 121
Die Überraschung 122
Stoff für ein Lebenswerk 123
Eine „vollständige Neugeburt" 124
In der Welt der Meistersinger 125
Geschenk für die Stiftung 127
Die „Wahnfried-Bibliothek" 127
Werke jüdischer Komponisten 130
„Allgemeine Bibliothek" und „Bartsch-Bibliothek" 131
Chamberlains „Buchgaden" 132
Verhängnisvoller Brief an Hitler 133
Rettung aus einem chaotischen Zustand 134
Obskure Schriften und das „Eiserne Kreuz" 135
Die zurückgeschaffte Kriegsbeute 137
Der Fall Nietzsche 141
Fasziniert vom „Zarathustra" 141
Die Enttäuschung 142
„Voltaire als Wagnerianer" 142
Peinlicher Fehlgriff 144
Bernstein: „Du bist Manfred, ich bin Leonard" 145
„Sie ham in Dräsdn gar nix zu suchn" 146
Marek Janowski und die Semper-Oper 148
Der Thomanerchor in Wahnfried 148
Licht in Lücken der Wagner-Forschung 150
Die Jahres-Broschüren 150
Bach – „das wunderbarste Rätsel aller Zeiten" 150
Thomas Mann – der wankende Wagnerianer 151

Die schwere Geburt der „Meistersinger" 152
„Königsfreundschaft" 153
Abkehr vom alten Ungeist 154
Wagner hat in Bayreuth gerade noch gefehlt 155
Der rettende Unsinn 155

Wichtige Neuerwerbungen **157**
Die Burrell-Sammlung 157
Die „Morgenbeichte" 158
Die „As-Dur-Elegie".. 159
Schmachtende Fragen an Mathilde? 160
Wortloser Dank an Cosima 161

Aus dem Schatten geholt... **163**
Feustel – Wagners Wegbereiter in Bayreuth 163
Hans Richter, der Urdirigent der Bayreuther Festspiele 164

Das Franz-Liszt-Museum **166**

…und kein Ende... **168**

Wagner und die Juden **170**
„…sonst schlagen mich die Wagnerianer tot" 171
Die Ausstellung 171
„Ein Plädoyer für die Wahrheit" 172
Urteile jüdischer Autoren 173
Das epochale Echo aus Israel 174
„O yes, it was the beginning" 176

Hartnäckige Irrtümer **178**
Die Mär vom gestohlenen Tristan-Akkord 178
„Verrückungen von Fakten" 179

Nachwort **185**

© 2011 Ellwanger Druck & Verlag GmbH
Alle Rechte vorbehalten
Gesamtherstellung: Ellwanger Bayreuth
ISBN 978-3-925361-96-8